고향의 절벽과 언덕으로
돌아가리라

안희원의 고요한 숲속의 산책

고향의 절벽과 언덕으로 돌아가리라

안희원 시집

문학秀

• 글머리에

세속의 때가 걷힌 순수의 삶 바라보고 싶다
삶의 본질과 근원적인 가치를 탐색하고 싶다
차가운 이성을 감싸는 뜨거운 감성 느껴보고 싶다

생각이 자라지 않고 멈춰버림을 실감한다
단단한 아집의 수렁에 갇혀 있었음을 실감한다

그리움과 추억들이 깊게 다가온다

작은 용기로 외쳐보리라
삶의 중심 지키고 버텨내리라

돌아보며 바라보며
지나온 삶에 감사하며
시대를 넘고 세월을 넘는
내 진정한 삶으로 귀환하고 싶다

고독과 마주하며
저녁에 홀로 앉아
내 부족함 그대로 드러내고
그런 나 뜨겁게 끌어안고
방해받지 않는 나만의 시선으로 세상 바라보리라

설레는 여행길에 나선다

진실은 드러나고 본래의 모습은 그대로이니
봄바람 타고 초록의 숲 물들이는 붉은 태양 빛처럼
우리의 삶 순결하고 눈부시어라

2025년 8월의 어느 날

• 추천사

안 시인과의 인연은 50년이 넘는다. 청운의 꿈을 안고 공직생활을 시작하였을 때 그는 나와 같은 출발선 위에 서 있었다. 훤칠한 키, 그레고리 펙을 연상케 하는 준수한 용모는 누구나의 시선을 끌 만했다. 신임관리자 연수를 마치고 그는 경제기획원에 배치되어 평생 경제정책 개발과 공정거래 질서 확립에 혼신의 힘을 기울였다. 퇴직 후에는 유명 로펌의 고문으로 영입되어 기업의 공정거래 관련 업무 지원에 이바지했다.

작년에 공무원 동기들끼리 문집을 내기로 했을 때 나는 그가 제출한 시 「사노라니」를 읽어 보고 눈을 의심하지 않을 수 없었다. 대개 미등단 시인의 작품을 읽어 보면 시 형식을 갖추었을 뿐 절제되지 않은 감정의 발산에 치우쳐 나아갈 방향을 잡지 못하는 경우가 많은데 안 시인은 그런 아마추어의 함정을 피해 인생을 관조하는 성숙미를 작품 곳곳에서 발산시키고 있었다. 시 작법을 한 번도 배우지 않았다는 그의 말을 듣고 '시인은 만들어지는 게 아니라 태어나는 것이다'라는 명언이 떠올랐다.

더욱 놀라운 일은 그가 바쁜 와중에도 틈틈이 시를 써서 시집 출판을 준비하고 있다는 사실이었다. 나는 안 시인에게 그동안 습작한 작품 일체를 읽어 보고 싶다고 청했고 그는 기꺼이 응했다. 그 작품 중 혼자 읽기 아쉬운 작품 몇 편을 추려 한 문학지에 추천했고 안 시인은 당당히 신인문학상을 수상했다. 이 과정을 통해 안 시인은 아마추어 시인에서 등단 시인으로 다시 태어나게 되었다.

이 시집은 안 시인이 등단작가로서 처음 내는 시집이다. 시적 기교가 아직은 미숙하겠지만 시 한 편 한 편에 스며들어 있는 삶에 대한 솔직하고 담백한 태도는 독자의 심금을 울릴 것이라 확신한다. 어쩌면 이 시집은 한 권의 시집이라기보다는 시인의 삶을 총결산하는 시적 형식을 빌은 자서전이라고 할 수도 있겠다.

시집 제목 『고향의 절벽과 언덕으로 돌아가리라』는 베르디 오페라 나부코(Nabucco)에 나오는 '히브리 노예들의 합창' 가사를 인용했다. 시인은 고향에 대한 그리움, 지난 삶에 대한 회한과 반성, 그리고 경건한 삶에 대한 다짐을 이 시집에 담고 싶었는지도 모른다. 시인의 첫 시집이 베르디의 오페라처럼 많은 이들에게 감동과 영감을 불러일으킬 수 있는 소중한 작품이 될 것으로 믿어 의심치 않는다.

김태겸(서초문인협회 명예회장)

| 차례 |

글머리에 4
추천사 | 김태겸(서초문인협회 명예회장) 6

1부. 내 삶으로의 귀환

하늘은 그대로지요 14
빛과 그림자 18
광야에 서서 21
큰 바위 얼굴 23
갈매기의 꿈 25
흘러가는 물결처럼 30
쉼과 자유를 찾아 33
고요한 바위 아래 36
슬픔이여 안녕 39
함께할 그 시간들이 41
소망하며 기대하며 45
봄 나비 따라 48
산같이 물같이 51
봄 내음 찾아 54
마음의 소리에 귀 기울이며 56
순정이 열정이 되어 60

2부. 살아보니 알겠더라

이만큼 살아보니	64
삶은 감격이고 감동이라	66
잡초같이 살리라	70
고엽	74
사랑하며 감사하며	78
낙엽 밟는 소리	81
길 따라	84
거저가 아니었지	87
그래도 꿈을 향해	90
느린 삶, 느슨한 삶	92

3부. 껍데기는 가라

허울 좋은 껍데기는 가라	96
위선의 껍데기는 가라	98
정치껍데기는 가라	102
삶의 껍데기들 치워라	104

4부. 이 산하 내 고향

정동진	110
장봉도 둘레길 따라	113
보성에 가면	115
난지도 붉은 노을빛 아래	119
중앙로 벚꽃길	123
문경새재	126
내 고향 당진	130
두물머리	134
고요한 한강	137

5부. 시대를 넘어 세월을 넘어

신작로	142
잔칫날	144
정월대보름	147
청계천 연가	149
양촌리 사람들	152
재회	155

향수	157
할아버지의 눈물	162
야생화 시절이 그리워	165
시대의 탄식을 넘어	172
청년들아	178
황무지	186

6부. 가족의 뜰에 서서

엘라야 너는	196
에덴 속 이든	198
울 진영이	200
우리 행복이	204
혜화동 가는 길	210

7부. 그리움의 날개 위에

바람 부는 날이면	218
고난을 넘어 환희로	221
친구야	226

잊혀진 세월	230
그리움만 쌓여가네	233
고향에 가고파라	236
라비앙로즈	239
꿈속에서 그려보는	242
세월 가면	246

8부. 돌아보며 바라보며

멈추고 돌아보니	250
태양은 다시 떠오른다	254
봄날의 산책	261
고도를 기다리며	263
고독이 불꽃이 되어	266
사랑이란	271
사랑은	274
스치듯 지나가는	276
아버지의 뒷모습	279
이별 애가	284
사노라니	287
한국 국민에게 고함	296
한민족 서사	307

1부
내 삶으로의 귀환

그릇된 욕심 꾸지람으로 때리며
이제라도 제자리에 와
어둠 가운데 횃불 밝히고
맑고 고운 맘으로
노래하는 마음으로 살고파라

먹구름이 피어오르다 굳어버려
난관이 위세를 떨쳐도

급하게 서두를 일 아니니
지치면 쉬어가고
힘들면 돌아가리라

굳세어진 걸음으로
어둠의 안개 터널 뚫고
그 길 바라보리라

길은 끝나도 추억은 계속되리니
그 추억 속에 담긴 지난 인생 들춰보고
달빛 아래 태양 아래 그 삶 비춰보며
선한 운명에 순응하고
자연이 선물하는 낭만 즐기리라

하늘은 그대로지요

하늘은 하늘 그대로지요

하늘은 늘 그 모습으로 우리를 맞이하지요
하늘은 우리를 거부하지 않지요
언제든 따뜻하게 품어주지요
어둠에 빠지지 말라고 밝은 길 열어주지요

그런데

맑은 하늘
살랑살랑 스쳐 가는 바람
쏟아지는 햇살
코발트색 푸르름
보기 좋고 느낌이 좋고 촉감이 좋은
그때만 하늘이 진짜 하늘이라고 하네요

가짜 하늘이 있나요

비바람 몰아칠 때의 하늘은 나쁜 하늘인가요
뜨거운 폭염 내리꽂는 하늘은 우리의 하늘이 아닌가요
흙빛 강물 범람케 하는 하늘은 저세상의 하늘인가요

산밑의 강가 저 멀리 농가에서 하얀 연기 솟아오르고
불 지피는 아이들은 콧속으로 들어오는 연기를 연신 뿜어대지만
불은 쉽게 타오르지 않는다
습기를 머금은 나무에서는 흰 수증기와 연기만 자욱할 뿐
불꽃은 일지 않는다

그래도 멀리서 연기가 하늘바람을 타고
이리저리 춤추고 사방에 만들어내는
무위의 모습은 유유자적하기만 하다

뽀얀 연기야 모락모락 피어올라라

왜 하늘이 준 물을 많다 적다 불평만 하나요
왜 바다가 보내 준 폭풍우를 하늘 탓으로 돌리나요
왜 원망의 눈초리를 하늘로 향하나요

하늘은 늘 맑고 푸르지요
시류에 휩쓸리지 않게 멀리 떠 있지요
별빛 가득한 밤하늘의 고요함으로 우릴 달래주지요
햇빛과 물방울이 빚어낸 일곱 가지 색깔로 다가오지요
늘 하얗게 떠오르는 밝은 마음이지요

범람하는 강물은 바다가 받아주고
비바람은 바람길을 따라 사라지고
물줄기는 강물을 따라 흘러가지요
그게 다 하늘이 만들어주는 거지요

하늘을 있는 그대로 바라보고
내 마음속 탐욕의 이글거림에서 벗어나면

맑고 푸른 하늘처럼 이웃도 맑고 푸르게 보이겠지요
그때는 뽀얀 연기와 함께 바람 타고 오는
아이들의 재잘거리는 소리, 숨소리가
한가한 여유로 다가오겠지요

빛과 그림자

빛만 있는 것이 행복인 줄 알았는데
빛과 그림자가 함께 할 때 진정한 행복이 오더라

사랑을 받지 못해 불행한 것이 아니라
진짜 사랑을 하지 못해 불행한 것이더라

뜨거운 비바람 폭염을 견디고 벼 이삭은 알곡이 되고
혹한의 얼어붙은 땅속을 헤치고 봄보리는 알알이 영글더라

어찌 그림자 없는 빛의 삶만 바라랴

그림자의 시간이 있어 빛은 그 찬란함을 더하고
빛의 시간이 있어 그림자는 그 깊은 맛을 더하니라

아픔과 힘듦은 삶의 고통인 줄만 알았는데
연약함과 부족함은 삶의 장애인 줄만 알았는데

고통의 과정을 겪어야 진정한 기쁨과 행복을 알게 되니
고통은 회피할 것이 아니라 맞닥뜨려야 하느니라

약함을 통해야 온전함이 드러나리니
약함이 드러남은 취약함이 아니라 온전한 삶으로 가는 순서
니라

여름에는 겨울이 기다려지고
겨울에는 여름이 그리운 것이 자연의 섭리이니

급할 때 오히려 쉬어가야 하고
움켜쥐고 싶을 때 오히려 내려놓아야 하거늘

열심과 열정만으로 살아갈 수 없고
무심과 무관심이 약이 될 때가 있나니

밝고 평탄한 인생길보다 어둡고 굴곡진 삶에서
더 큰 깨달음과 지혜를 얻을 수 있나니

그런 깨달음과 지혜에 이끌리는 삶에
마음의 평화와 영혼의 향기는 갑절로 늘어나느니라

광야에 서서

도회의 불빛 아래
젊은 날의 추억은 무심해지고
도회의 화려함에
어둠과 고독은 깊어진다

친구들 하나둘 멀어지고
친척들 하나둘 떨어진다
햇빛 받은 몽돌들이 가득한 은모래 해변에서
평온과 고요함을 본다

이젠 더 높고 환한 곳에서
세상을 호령하고 싶은 욕망은
가시가 되고 먼지가 되어 버렸지

새소리, 초록빛향기 가득한 아늑함에 취하기보다는
흙먼지 날리는 광야에 있고 싶어라
꽉 채워진 서양화가 아니라
점점 여백이 커지는 동양화이고 싶어라

물을 보며 마음을 씻고
꽃을 보며 환상을 씻는다

도회의 화려함 속에서는 몰입할 수 없는
도회의 강박 속에서는 볼 수 없는
홀로 굽어보며 태초의 아름다움을 찾는
알바트로스가 되고 싶어라

순수와 혼돈과 아름다움이 얽혀있는
그 근저에 놀라운 질서와 조화로움이 있는
세상의 속도에서 비켜설 수 있는
그래서 생각을 멈추게 하는

광야에 홀로 서서
광야의 초인이 되어
세상을 굽어보며
세상의 불안 씻어내고 싶어라

큰바위얼굴

귓전에 들리지 않아도
늘 새롭게 하는
문득 그리워지는
봄날의 따스함을 느끼는

당신의 사랑, 인자함이
내 안에 가득 담겨있지요
그 사랑이 내 소망의 불빛이 되었고
그 인자함이 내 생명의 불빛이 되었지요

당신을 향한 우리의 경외함이
당신을 향한 우리의 소망함이
당신을 향한 우리의 간절함이
내 안에 큰바위얼굴이 되었지요

연약한 우리들 실족하지 않을까
지치고 힘들어 포기하지 않을까

늘 조심조심 불안함과 기대의 눈으로
바라보시고 잡아주시고 일으켜주시던
그때 선생님의 그 모습이

빛이 되고
기둥이 되어
우리에게 말을 걸고
사모함을 불러일으키고
파도치는 마음 잔잔케 해주지요

그 모습 그대로 남아
흐려진 세상에 등불이 되고
흔들리는 마음 붙잡는 반석이 되게 해주소서

갈매기의 꿈

갈매기야
더 높이 더 멀리 날아라

선착장 부둣가에 기웃거리지 말고
유람선 창가에 눈 마주치지 말고
가두리양식장 언저리에 두리번거리지 말고

우리길 따라오지 말고
우리 가지 못한 곳
우리 볼 수 없는 곳으로 날아가

네 꿈 펼쳐라

언덕을 넘어 숲길을 헤치고
들판을 넘어 물길을 스치는
달려가는 길 어느 곳이든 네 길이 되니
우리처럼 광야 한가운데여서 길 잃을 일 없지
높이 오르면 그곳이 정상이니
우리처럼 정상을 목전에 두고 마음 아파할 일 없지

비바람 몰아쳐 창파에 몸 맡기고
바람 따라 뒤척이는 일엽편주에
친구인 양 눈 마주치려 하니
아쉬움에 쉬이 떠나기는 어려워라

그래도 네가 가는 그 길이 그 궤적이
장엄한 수평선을 만들고 지평선을 만드나니
꿈속에서 헤매일 일도
늦어 안달할 일도

괴로워할 일도 없을 터

거친 순수의 바다에
먹구름 밀려와도
두 팔 벌려 마주하면
어느새 비춰오는 아침햇살에
두 쪽으로 갈리고

그 사이로
끝 보이지 않는 미지의 세계로
안개처럼
흐르는 구름처럼
훌쩍 날아가 버릴 너를 그려보며

가벼운 발걸음으로
모래의 사각거림을 발끝에 느끼며
그 상쾌함을 숨 쉬며
하늘 높이 날아오르는 너의 꿈 상상하고 싶다

바다 높이 한가운데에서 구름의 시선으로 응시하는 너
밤바다로 불어오는 바람 가로질러 항로를 정하고
공중높이 불어 오르는 바람결을 타고
어두운 밤 해 뜰 녘까지 수백 킬로 날아서

무위의 마음으로 허공에서 잠자고
짙은 바다 안개 헤치며 날아
눈부시게 빛나는 푸른 하늘로 솟아
촉촉한 봄바람에 온몸으로 숨 쉬며
고깃배와 상한 빵부스러기에 기대지 않고
살아갈 수 있기를

먹지 않고 꿈만 쫓을 수는 없겠지
먹지 않고 날 수만은 없겠지
그렇다고 불꽃같이 빠른 몸놀림으로 다가올 필요없지

힘들고 지치면
그냥 바람 따라가면 될 일

삶이 곤고해지면
그냥 멈춰 쉬어가면 될 일
힘들다고 내색할 일도
모자란다고 아쉬워할 일도 아니지

그러니
우리의 삶 기웃거리거나 눈치 보지 말고
네 꿈 꾸고 네 방식대로 살아가기를

흘러가는 물결처럼

다가오는 여명속에
자꾸 허망함이 밀려온다

왜 그렇게 아웅다웅해 왔는지
왜 그렇게 조급해하고 마음 바빴는지

지금 와서 보니
하지 못함에 대한 아쉬움보다
쓸데없는 일에 마음 쏟았음이 가슴에 남는다

급한 일 아니었는데
서두를 일 아니었는데
힘들면 쉬어가면 됐는데
힘겨우면 내려놓으면 됐는데
그냥 무심해도 됐는데

앞서가야 할 일도 아니었는데
세상 돌아감에 편히 순응하면 됐는데

서운해하고 아파할 일만은 아니었는데
조마조마하지 않았어도 됐는데

그것이 매임과 속박이 되어
비우지 못한 짐이 되어
욕망의 끄나풀이 되어
뒤처질까 넘어질까 안달하며 달려왔지

우여곡절 있으면 어떠랴
거친 구름과 안개 사이에 펼쳐진 저 깊은 산세를 보라

비바람 있으면 어떠랴
하늘의 먼지 다 털어낸 맑고 찬란한 저 태양을 보라

흙먼지 날리면 어떠랴

원초의 순결함과 야생의 고고함이 가득한 저 광야를 보라

세상이 가혹하면 어떠랴
가혹하기에 세상은 더 다채롭고 아름답지 않으냐

겨울 잔설 위 바위 사이에 핀 노랑제비꽃 하나
홀로여도 외로워도 그 기품 어디 비할 수 있으랴

놀라운 삶 빛나는 삶
억지로 다투지 않는 흘러가는 물결이어라
흐르는 물결 위의 낙엽 같은 잔잔한 삶이어라

쉼과 자유를 찾아

날마다 뭔가 먹고 일을 한다
걷고 그리워하고 추억을 되새긴다
참고 견디고 버티고 기다린다
깊은 밤 고요함 속 멀리 바라보며
나의 실존적 존재를 확인한다

황량한 습지 사방에 나무와 들풀이 널려 있다
초목의 자라남을 감지하지 못하다가
계절의 흐름을 따라가지 못하다가
어느새 속수무책으로 늙어버린
내 자화상과 마주한다

나이가 드니 차분해지는 것이 아니라
오히려 쫓기듯 더 치열해진다
세월에 밀려 쓸쓸해진 거리에
찬 바람 차디차게 불어와
파도처럼 부서지고 사라졌다가

순례하듯 다시 찾아온다

그때는 피할 수 없는 숙명인가 했지
허욕과 허망의 길에서 그 바다에서
비켜 갈 수 없을 것 같았지
도망칠 수 없을 것 같았지

그래도 우리의 작은 삶 속
하루하루의 행보에
감사와 축복이 함께 하고 있음을
실패와 고뇌의 시간을 한참 흘려보낸 후에야
깨닫게 되었지

박제된 허상에 갇혀
세상 사람들이 누리는
그 누림의 세계가 부러워
발버둥 쳤던 지난 세월 돌아보며

그래도 운명이 내게 인내할 용기를 주어
세월이 나를 품을 수 있게 해주었음에
감사하며

언제나 내게 힘이 되어주는 추억 속
그때 그 시절 그려보며

이젠 쉼과 자유를 찾아
바람 불어오는 그곳으로 가
내가 좋아하고 당당했던
그 순간들
기억하며 추억하며 껴안으리라

기다리며 인내하며
나만의 공간 채워가리라

고요한 바위아래

하늘이 내린 절벽 아래
나무도 바위도 온몸을 열어 비를 맞는다

비가 그치고 제모습을 드러낸
길게 솟아오른 바위 능선들이
하늘을 향해 높이 우러르나
이내 먹구름에 가려 그 위용을 감춘다

수많은 계절이 오고 가도
늘 제자리에 버티고서
온갖 스쳐 지나가는 인연들 끌어안아
나이테처럼
파도치듯 새겨진
그 굴곡진 얼굴 바라보며

너에게서
하늘의 우수와 고독 느껴보고 싶다
세상의 얽힘과 인연에서 비켜서고 싶다

어제와 다른 경험 하고 싶다
나만의 언어 나누고 싶다
고독한 길 바라보고 싶다

회피하지 않고서도 버틸 수 있는
분수에 메이지 않고서도 지나침이 없는
꽉 찬 화려함에도 드러내지 않는
끝 깊은 고요함과 섬세함에도 내색하지 않는
세월의 질곡 속에서도 불편해하지 않는
하늘 우러러 부끄러움이 없는

볼을 스치는 아침햇살과 함께
다시 뜨겁게 다가올 너의 모습 그리며

그냥 우발적인 만남으로도
가끔의 만남으로도
지금까지 보지 못한 세상의 경외를
너를 통해 바라보며 생각하며
놀라움과 부끄러움을 삼킨다

슬픔이여 안녕

찬바람이 싸늘 불어
귓가를 스치며
흐려진 마음 먹구름 되어
창공을 떠도네

창밖에 눈물짓는 단풍잎 하나
가을은 소리 없이 흘러만 가고
산은 벌써 어둠에 갇히고
노을도 깊은 침묵 속에 잠기는데
어디서 두견새 우는 소리에
잠 못 이루는 밤 길어지네

문명의 거미줄에 갇혀
세상의 누림만 탐한 지난 세월
헛되고 헛됨을 이제야 바라보니
마음의 평화와 눈부심은 바로 내 곁에 있네

그래 낙엽 지고 파도치는 소리가
슬픈 전설을 노래해도
거룩한 밤, 고요한 밤, 별들 헤아리는 밤
슬픔도 아픔도 왜 그리 아름다운지

뒤를 돌아보니
흙먼지 날리는 광야였어도
겨울 삭풍 뚫고 떠오르는 태양처럼
뜨겁게 반짝이는 삶이었노라

함께할 그 시간들이

우리 함께할 그 시간들이
내 서툰 고백 받아주기를

설레는 내 마음 받아달라고
나 당신 앞에 서 있소

참 어색한 말투여도
내 사랑 멈추지 않고

오랜 침묵에도
내 뜨거운 가슴 살아있음에

우리 함께할 그 시간들이
내 작은 소망의 끈 되어주길

힘들었던 기억들 안아주니
내 안의 열정 멈추지 않고

시름이 두려움으로 밀려와도
그 위세에 고개 숙이지 않고

설움도 아픔도 아름답고 고귀하기에
흔들리지 않고 버텨 가리라

우리 함께할 그 시간들이
내 삶의 순간들 깨우는 시간이 되길

실수가 실패가 죄책감으로 밀려와도
그 멍에에 갇혀 있지 않으리

어둠의 음침한 골짜기가 다가와도
바람이 되어 달음질치지 않으리

험한 세상 거친 세상 다가와도
아픔이라는 핑계로 도망하지 않으리

굴곡진 삶이 있으면 잔잔한 삶이 오는 법
고단한 일상이어도 위로와 여유를 구하리라

우리 함께할 그 시간들이
아지랑이 피어오르는 봄날의 아침이 되길

가을 이삭이 자연을 닮아 고개 숙이듯
세상의 경외와 고마움에 고개 숙이길

불편한 것이나 힘든 것에는
다 나름의 이유가 있으니

절망은 희망의 뒷면이요
슬픔은 기쁨으로 가는 여정일뿐이니

삶이 꼬여 아픔이 되고 상처로 다가오면
그 안에서 깊이 헤아려보라는 뜻이니

미움과 속 좁음의 터널에서 뛰쳐나와
광활한 하늘의 섭리에 미소 지우리라

우리 함께할 그 시간들이
당신이 더 그리워질 시간이니

석양이 그 무게를 더해도
인고의 세월에 눌리지 않고

눈길 향하는 곳 마음 가는 곳
어느 곳 하나 소홀히 하지 않고

돌아보며 회상하며
사랑할 일, 감격할 일만 찾으리라

소망하며 기대하며

시간의 흐름과 함께 계절은 옷을 갈아입고
대지는 조용히 속살을 드러내고 나를 부른다

텅 비었던 삶 하루하루 채워지고
고단한 일상에 위로와 잠잠함이 자리한다

몸으로 땅을 만지고
마음으로 하늘을 만져온 지난 세월

산과 계곡이 푸르니
마음마저 푸르러지고
단풍노래가 색깔을 더하니
무심한 속마음에 보조개가 커진다

시간이 머물고 간 흔적들 들춰보며
치열한 역사의 마디마디 바라보며
내 삶의 작은 실천

품어주고 안아주고 격려해준 모든 것들이
은혜이고 축복이고 사랑이었음을
선포하노라

파도 몰아치면 바다를 원망했으나
바람 때문임을
어둠이 두려움으로 밀려옴은
두려움의 상처가 있기 때문임을

오르막길은
조금 더 힘내라는 격려이고
내리막길은
삶의 속도를 늦추라는 배려이니

역경과 고난과 좌절은
새로운 길을 가리키는 또 다른 문이니
그 문이 있어 소망이 있고
그 소망이 있어

마음의 평온이 단단해져
그 소망이 있어
하루하루가 선물 같아

조금씩 조금씩
세상이 보물 같고 특별하게 보이니
행복은 거저 오는 것이 아니라
만들어 가는 것임을

그래 내 마음의 상처 떨쳐내고
당신의 목소리에 마음 열리라
마음 튼튼히 채우고
여유와 쉼을 찾아 걸어가리라

봄 나비 따라

물안개 피어오르는 강가를 날며
작은 미소로 반기는 꽃잎에 입맞춤하고
어디론지 훨훨 날아 올라가는

바람에 날리는 고운 꽃잎이어라

몸보다 열 배나 더 넓은
두 날개 화려하게 펄럭이며
멈춘 듯 기운 듯 민첩한 몸놀림으로
우아한 춤사위로 뱅뱅 노니는
맑은 하늘 유유히 날아다니는

티 없이 맑은 꽃바람이어라

이리저리 제멋대로 날아다니는 것 같아도
기분 내키는 대로 날아다니는 것 같아도
거기에 너의 질서와 꽉 찬 치열함이 있지
세상을 향한 강력한 손짓이 있지

꼬불꼬불한 꼬부랑길도
아슬아슬한 벼랑길도
화려한 발레를 뽐내는 공연장이어서

너에게는 그저 꽃길이어라

그래 꽃이 피지 않아 서글퍼도
무슨 필사의 몸부림이 필요하랴

비록 빈손이고
내세우지 않아도
모두 네 것이니
욕심부릴 필요 없지

나비 없는 봄이 어찌 봄이겠는가
봄꽃이 살랑살랑 너를 부르니
바람에 흔들리면
바람결대로

물길에 떠밀리면
물결 이는 대로
억지 부리지 않는

꿈결처럼 반짝이는 시냇물이어라

늘 새롭고
늘 소박하고
늘 우아한 몸짓으로 손짓하는
너와의 짧은 해우가
못내 아쉽지만

거친 일상에 작은 쉼표가 되어
흔들리지 않는 편안함과 그리움을 주는
너의 선물
간직하며 바라보리라

산같이 물같이

산은 차가운 머리
물은 뜨거운 가슴

산은 유혹해도 넘어가지 않고
위협해도 꿈쩍하지 않으니

물은 가만있으면 썩어버릴까 걱정이 되어
가만 있지 못하니

산 같은 머리와
물 같은 가슴으로 살고 싶다

산은 말없이 제자리에 서 있고
물은 말없이 제길 따라 흐르건만

망상 집착에
욕심이 엉켜
제자리에 있지 못하고
제 할 일 하지 못해
싸우고 다투고
소송으로 지새우니

산은 산이고
물은 물이어야 하듯이

무엇을 가져서가 아니라
어떻게 있음으로써
무엇을 하여서가 아니라
어떻게 함으로써

산같이 물같이
중심 잡고 기준 잡으리라

산은 풍설에 휩쓸리지 않고 고개 숙이지 않고
물은 고집부리지 않고 비켜서지 않으니

산세가 깊어지면 고요함이 더하고
물길이 넓어지면 잔잔함이 깊어지니

산을 바라보며
경건함과 온유함을
물을 생각하며
겸손과 순명을 다짐하리라

봄 내음 찾아

고단했던 행보 잠시 멈추고
생각으로 나를 지키니

추억이 꿈에 맺히고
그리움이 꽃냄새 되어
꽃망울이 봄바람이 되어
초록의 숲으로 불어오니

오랜 기다림 끝에 찾아온 봄 내음 풍기어라

겨울을 견디어온
매화가 그 속마음을 드러내고
거칠고 척박한 땅속 쓴 뿌리가
깊은 향내를 머금나니

오랜 기다림 끝에 찾아온 봄 내음 피어나라

시간과 자연이 주는
설레임과 정겨움에 마음졸이며
꿈과 자유를 찾아 떠난 긴 방랑에서
돌아와
이제는 호젓한 하늘과 바다가 보이는
바람 불어오는 그곳으로 가

오랜 기다림 끝에 찾아온 봄 내음 맡으리라

마음의 소리에 귀 기울이며

어둠이 내려앉으면
화려한 불꽃으로 존재를 드러내지

먹구름 피어오르면
내 진지한 몰두에 빠져들지

몸은 일상에 매여있어도
마음은 그 일상에서 벗어나

바람 불어오는 그곳으로
백 미터 뜀박질하지

봄에는 봄길
가을에는 단풍길

쉼과 자유를 찾아
봄 나비 가을 벌처럼
꽃바람 타고 날아

시들지 않을 야성의 그곳에서
때 묻지 않은 허허벌판 그곳에서

험한 비바람
휘날리는 먼지바람에

세상의 소리, 육신의 소리 걷어내고
마음 적시는 마음의 소리에 귀 기울이리라

번뇌가 꿈틀대고 마음이 움츠러들 때
마음속 영혼의 소리에 귀 기울이리라

쓸쓸한 미소와 냉소와 비웃음이 밀려올 때
마음속 내면의 소리에 귀 기울이리라

그 마음의 소리에 귀 기울여
나다움의 진면목 찾고 싶다
영혼의 눈으로 세상 바라보고 싶다

진정한 감사와 축복 느끼고 싶다
억새풀 실바람 스쳐 간 들녘에서 잔잔한 삶 맞보고 싶다

오랜 세월 견디어온 범종의 소리처럼
길게 울려 퍼지는 그 마음속 소리에
온 힘 다한 진지한 귀 기울임으로

내 마음속 강건함을 붙들고
거친 광야와 험한 산비탈에서도
휘둘리지 않고 꿋꿋이 버텨가리라

세상의 시름에서 벗어나
마음속 자연의 소리에서 경건함을 받아

바람처럼 새처럼 자유롭게 날아
산바람 새소리 가득함에 감격하리라

고단한 일상에도
위로와 여유가 춤추기를

내 마음속에
온유함과 따뜻함이 채워지기를

아침마다 늘 새롭게
내 심령이 깨어 일어날 수 있기를

남은 세월이
경건함에 대한 경외의 시간 되기를

순정이 열정이 되어

저에게 빛을 주소서
이 땅 위의 모든 사람을 비출 만큼의 환한 빛을 주소서
아닙니다
지금만큼의 빛만 주소서

어둠의 평온을 주소서
이 땅 위의 모든 사람이 고난을 잊을 만큼의 평온한 어둠 주소서
아닙니다
지금만큼의 어둠만 주소서

빛이 가려지면 어둠이 되고
어둠이 걷어지면 빛이 오는 법이니

빛과 어둠은 욕심으로 달라지지 않고
잠시이고 스쳐 지나갈 뿐이니

빛이 부족하다고 어둠이 크다고
조급해하거나 서두르지 않게 해주소서

빛이 과하면 분별이 어렵고
어둠이 과하면 삶이 버거워지니

과하지 않게 버겁지 않게
눈처럼 하얀 마음으로 헤아리게 해주소서

빛과 어둠의 질서 안에서
있는 그대로 축복받게 해주소서

빛과 어둠은 하나이고 함께함이니

있는 그대로 만족하고
있는 그대로 만끽하고
있는 그대로 감동할 수 있게 해주소서

그러면 순정이 열정이 되고
열정은 진정이 되어

간절함이 되고 소망이 되어
우리의 삶 들꽃의 향기처럼 피어나리라

| 2부 |
살아보니 알겠더라

서러워할 일, 억울해할 일, 불안해할 일
아니더라

폭풍우에 집채같은 파도에 움칫했지만
금세 잔잔하고 고요해지더라
잿빛 하늘 어둠의 세상 잠시 두려웠지만
지나 보니 눈부심이고 놀라움이었더라

낙엽 지고 겨울 와도 봄이 옴을 시샘치 않고
산등성이 거칠고 척박하다고 보금자리 떠나지 않고
겨울 삭풍에 둥지 틀 곳 없음을 탓하지 않더라
원망과 감사, 절망과 소망, 낙담과 희망이
마음 한 끗 차이임을
아픔과 고난과 힘듦 속에
축복이 숨어있음을 알겠더라

도시의 화려함 속에 별의 고요함을 보지 못하고
헛것에 집착해 온통 슬픔과 서러움과 아픔에
빠져 있었으니

아직 오지 않은 내일을 오늘 두려워하지 마라
작은 것에 억눌리어 큰 기쁨 놓치지 마라
헛것이고 헛것인 어둠의 위세에 기죽지 마라
눈부심이고 다채로움인 이 세상 맘껏 즐겨라

이만큼 살아보니

밤의 어둠이 짙어지면 곧 여명의 시간이 오나니
먹구름 폭풍우 다음에는 고요와 잔잔함이 오더라
이루지 못함과 이별도 그리움과 추억이 되더라
참지 못하고 감동하지 못함은 약한 자의 모습이더라
방관과 무관심에 사랑과 열정은 없더라
거짓과 공짜에는 항상 대가가 따르더라
쾌락은 거품처럼 연기처럼 사라지더라

초록의 풍경에서 강한 생명력을 느낀다
거친 들판의 쓴 뿌리에서 생명의 경외를 본다
들꽃의 그 은은하고 온유함에서 겸손과 희망을 본다
하늘 수놓는 철새 떼의 군무에서 하늘의 섭리를 본다

부자는 부요한 마음 가진 자더라
꿈을 가진 자에게 길은 찾아오더라
하고자 하는 이유가 힘듦과 쉬움을 가르는 잣대더라

진실도 불편할 때 있고 정직도 어색할 때 있더라

얻은 것이 있으면 잃는 것이 있고 잃는 것이 있으면 얻는 것이
있더라
나보다 더 힘들다고 하는 이들이 훨씬 많더라
사모함이 덜하면 열정이 열심이 식어버리더라
사소한 것에 억눌리면 큰 것을 놓치더라

광활한 우주 한가운데에
오직 하나뿐인 생명의 섬 이 지구에
내 생명 고이 숨 쉬고 있고 함께하는 이들 있기에
모든 것에 감격하고 감동하노라
실패도 고난도 내가 살아있은 일이기에 소중했노라
그 시간이 있었기에 이만큼 깨달았노라

삶은 감격이고 감동이라

살다 보면
꺾이고 속고 무시당하고
뜻대로 되지 않고
우울함의 어둠에 갇히나

삶은 좌절이 아니라 감격이고 감동이나니

힘들다고 하지 마라
힘들 때 더 많은 일 이룰 수 있느니라

실패했다고 낙담하지 마라
성공보다 실패에서 배울 것이 더 많으니라

여유 없다고 불평하지 마라
할 일 많음은 크게 쓰임 받고 있다는 증거니라

느리다고 조급해하지 마라
조급할수록 실수가 잦아지는 법이니라

속았다고 무시당했다고 억울해하지 마라
너의 성숙함을 키울 수 있는 절호의 기회니라

말에 혀가 베일 수 있고
생각에 마음이 베일 수 있나니

하고 싶은 말 잠시 가슴에 묻고
내 생각 잠시 저만치 미뤄두고

그동안 무례했음을 반성하고
내 유익만 챙겼음을 부끄러워하고
상처 주는 얘기만 했으니 마음 아파하고

겸손함으로 낮아짐으로
세상과 소통하고 내면의 여유를 키워라

세상의 미움, 분노, 수치심, 무능감, 자존감 저하는
눈처럼 녹아버릴 미물에 불과할 뿐이니

그걸 깨달은 네 마음은 네 삶을 배반하지 않으리니

광야를 지나 푸른 초장에 이르고
실패를 넘어 세상의 이치를 깨닫고

다시 일어나야 할 이유가 존재하고
포기할 수 없는 용기가 살아나리니

어둠 속 장막을 지나면
빛의 찬란함이
감동으로 다가오리니

사랑과 희망의 시선으로 세상을 바라보라
온통 경외이고 감동이고 감격이니라

곳곳에 감사의 조건만 널려 있을 뿐이니

불평하기 전에 감사하고
낙담하기 전에 감격하고
절망하기 전에 소망하라

잡초같이 살리라

진한 향기 없어도
풀숲에 이리저리 뜯겨 보일락말락 해도
누가 씻겨주지 않아도
아무 찾는 이 없어도
논두렁 비바람 치는 언덕에
외롭게 쓸쓸히 버려져 있어도
내 할 일 다 하리라

함께 있는 땅 좀 공유했기로서니
제 것 다 뺏길까 봐 두려운 듯 앙갚음하니
농약으로 테러당하고
손길로 따귀 맞고 사지가 찢길지언정
내 할 일 다 하리라

네 유익만 따져
구별하고 차별하고
노여워하고
혐오하고

무례한 짓 다 하지만

그래도 널 미워하지 않고
배척하지 않고
받아들이고
내 할 일 다 하리라

버티고 지키고 방벽되어
토양 붕괴 막아주고
모래바람 막아주고
병해충 막아주고
익충에 보금자리 돼주고
나물이 되고 사료가 되고
물 깨끗이 해주고
기름진 토양 만들어주고도
혼자 살려고 억지 부리지 않으니

내 질긴 생명력 지탄받을 일 아니오

오히려 찬양받고
대접받아야 하거늘

늘 싸늘한 눈길로
하염없는 한숨으로
인정머리 없는 매몰참으로
마구 설움을 안겨주지만

원망하지 않으리
불평하지 않으리
빈 잔에 그 슬픔 가득 채우고
사치스러운 앓는 소리 안으로 삼키리

편안한 곳 화려한 곳 아니어도
바위틈새든 콘크리트 틈새든
숨 쉴 틈만 있으면 그 어디든
내 알아서 내 둥지 틀 것이니

나를 없앨 수 있다고
나를 없애야 한다고
허풍떨지 말고
중상모략하지 마라

오늘도 어제처럼
내가 있어야 할 곳에서
내 할 일 다 하고
내 자리 차지하리라

이 험한 세상
그 험한 공격에
굴하지 않고
버티고 지켜내리라

고엽

가을이 오고
겨울이 되면
낙엽이 되고
그 낙엽은 굴러 쌓이고
비에 젖고

바람 따라 이리저리 흩어지다
물속에 잠기고
골짜기에 쌓여
물고기의 집이 되고
씨앗의 보금자리가 되네

그렇게
바람 부는 대로
빗물에 씻기는 대로
무심에 맡겨지니
운명을 거슬러 아웅다웅하지 않으니

누구 하나 눈길 주지 않아도
흙이 되고
거름이 되어
다시 씨앗을 이고
그 씨앗이 대지를 박차고 나오게 하는
어머니의 품이 되는
고엽이여

천년 고목 거친 뿌리의 그 내공은 없어도
기암괴석의 그 화려함은 없어도
가시나무 울타리의 그 우여곡절은 없어도

밟히고 이겨지고 찢겨지고
버려지고 터져버려도
그 버텨냄이 있어
그 기다림이 있어
따스한 손길이 되어
우리를 맞이하니

바람에 날려가 버려도
다시 올 기약하지 않아도
차가운 무관심 밖으로 던져져도
우리의 추억처럼
우리의 다짐처럼
지난 세월 묻어버리고
앞뒤 돌아보지 않고
늘 새롭게 그리움으로 다가오니

나를 향해 휘어있던
모든 시선 뒤로하고

너를 통해
땅을 깨고 나오는
그 생명 경외를 바라보며
이젠 달음질치지 않으리라

그래, 나 죽어있는 것 아니고
잠시 잠들어 있을 뿐이니
두려움이 소망이 되고
헤어짐이 다시 만남을 기약하니
하늘속 정처 없이 떠도는
한 잎의 고엽처럼
작은 바람에 내 운명 맡기고
버티고 기다리리라

사랑하며 감사하며

더 빨리 더 높이 더 많이
쉼 없이 달음박질 해온 지난 세월

거친 산길, 들길, 자갈길에서
헤매고 넘어지고 다시 일어서고

질풍노도에 휩쓸리고
낙담, 절망에 쓰러지고
두려움에 숨 차오르고
초조함에 안달했던

그렇게 불빛 희미하고
요동치고 그을렸던 세월 속에서도

만남은 햇살처럼 다가왔고
행복은 꽃바람 타고 와 미소 지었고
설레임은 아지랑이 되어 피어올랐지요

삶은 좌절이 아니라 누림이고
삶은 힘듦이 아니라 가슴 뭉클함이지요

하고자 하는 이유가 사라지면
그것이 힘듦이고 좌절이고

사랑이 희망이고
사랑이 살아야 할 이유임을

진리의 별은 다시 떠오르고
진실은 본래의 모습 그대로이니

희망이 때때로 우리를 속일지라도
행복이 시름이 되어 제모습 잃어버려도
안식이 바람에 흔들려 자리 잡지 못해도

그 삶은 그대로이니 '카르페 디엠'
지금에 충실하리라

선물 같은 만남 기다리며
꽃들의 속삭임에 귀 기울이며
설레임에 가슴 뜨거워하리라

사랑하고 인내하고 분별하면
감격과 감동의 순간은 다가오리니
품격과 안목과 긍정이 더할 것이니

절망할 틈새 사라지고
낙담의 자리에 감동이 빛을 더하고
두려움의 자리에 놀라움이 춤을 추고
원망의 자리에 감사와 은혜가 충만하리니

꿈 포기치 않으리라
소망 단념치 않으리라
감사함으로 받아드리리라
사랑하며 그리워하리라

낙엽 밟는 소리

겨울이 오고
다시는 봄이 오지 않을 것 같더니만
어느새
그 자리에 다시 초록 잎새 푸르러
봄이 왔다고 노래하네

다시 가을이 되어
맑은 하늘 높이 올라가고
산자락마다
붉게 노랗게 물들면
산으로 거리로 몰려들고
와자지껄한 소란 속에
낙엽은 지고 쌓이고
낙엽 밟는 소리
낙엽 지는 소리가 무성했다가도
석양의 금빛 노을처럼
이내
쓸쓸히 사라진다

가는 세월
쌓이는 낙엽 어찌하랴
차라리 가을을 버리고 떠난
너의 사랑 이야기였기를

가을과 함께 떠나가지만
그것은
봄을 준비하기 위함이지

거추장스러운 옷 벗어버리고
길을 잃고 방황하는 새처럼
차가운 바람에 멀리멀리
달아났다가
다시 돌아와
세월을 기약하고
세월을 지고 가려는 것이지

가을과 함께 떠나가 버려
다시는 못 볼 인연인 줄 알았는데
그것이 영원을 택한 것임을
이제야 알게 되지

그래 틈새로 불어오는 쓸쓸한 바람 소리가
가을을 버리고 떠난 이별의 노래여도
봄을 다시 맞이하려는 너의 몸부림임을 알기에
내 가슴 애처롭게 하지는 않노라

길 따라

길이 있어
남들이 따라가는 길이어서
그 길 놓치면 다른 길 못 찾을까 불안해서
그 길 놓치면 외톨이 될까 두려워서
어디서 온 길인지 어디로 가는 길인지 따져보지 않고
남들이 가는 길 따라갔지

발길 닿는 대로 마음 가는 대로
무심히 걸어갔던 그 길
길 따라가는 나의 뒷모습 보고
나 따라오는 이들도 있었겠지
길은 그렇게 열려있었고 손짓했지

막혀있을 때는 돌아갔고
아닌 길 같을 때는 포기했지
역풍에 머뭇거리기도
순풍에 달음질치기도
태풍에 쓰러지기도

난기류에 휩쓸리기도 했지만
따라간 그 길은 허튼 길이 아니었지

첩첩산중 오지의 길이어도
가파른 비탈길이어도
서로 나누고 베푸는 길이었고
서로 안아주는 길이었고
서로에게 기생할 수 있게 해준
서로에게 상생할 수 있게 해준
외롭지 않게 해준
함께 가는 길이었지

그래 그 길 따라감은
나에겐 운명이었고 필연이었지

탄탄대로가 아니어도
광야를 가르는 거친 돌길이어도
길 끝이 아득해 보여도
철새는 하늘을 날고
길이 막혀있어도
물은 제 길 만들어가듯
내 걸어갈 길 비록 흐리고 험해 보여도
그 길 따라가는 나의 발걸음 멈추지 않으리라

그 길 따라
우리가 만들어 갈
전설과 기적과 감동과 애환과 향수도
함께하리라

거저가 아니었지

낙엽이 지고
겨울이 오고
봄이 멀리 있을 것 같더니만
어느새
흙더미 깨고
봄을 이고 나와
새로운 만남을 시작하지
거저 나오나 싶었는데
그게 아니었지

세상을 향해
미치도록 보고 싶은 친구가 있어
북풍한설 견디고
모진 속박과 결박을 밀치는
너의 결기가 있어
강을 열어 물을 주고
바다 열어 비를 주었지

그렇게
삶의 뜨락은 가꾸어지고
그 자리에 초록 잎새 무성해지고
등치를 키우고
대지에 화려한 옷을 입히고
우리를 부르지
그게 거저 만들어졌는가 싶었는데
그게 아니었지

한순간도 쉬지 않고
한 발자국도 허투루 뛰지 않고
가진 것 모두 쏟아부은 그 신실함에
세상이 품어주고 안아주어서지

곱게 곱게 물들었던 가을 잎
잠시 머물다
거추장스러운 듯 벗어버리고
황량한 겨울 길로 뛰어가는 건

향기로운 봄맞이 위해
겨울부터 준비하려는 것이니

그 뒤안길 세찬 비바람 속
너의 뒷모습 홀로이고 외로워도
서산을 넘는 저 노을빛처럼
내 마음속 붉게 타오르게 하지

어떤 척박함 속에서도
어떤 위세 앞에서도
주눅 들지 않고 비켜서지 않는
너의 그 옹골참과 당당함은
그냥 거저 된 것이 아니었지

그래도 꿈을 향해

아등바등 살아 온 지난 세월 자랑할 게 없네요

하늘의 푸르름과 꽃의 아름다움 만끽하지 못한 세월이었지요

명예에 쫓기니까 명예가 더럽혀지데요

탐욕은 부서지는 파도처럼 허망한 것이데요

지나친 열망은 집착이 되어 나도 상대도 불편하게 하데요

온갖 미혹에 휘둘려온 인생이 거의 전부네요

내주장할 만큼 했으니 이젠 들어봐야지요

꽃길만 펼쳐진 우여곡절 없는 인생만 있나요

흔들리지 않고 피는 꽃이 있나요

이만큼 살아왔으니 이젠 감사할 차례지요

이젠 한적한 여유로움 즐기고 싶어요

남은 인생도 부족함과 아쉬움 많겠지요

그래도 꿈을 향해 나아갈게요

분수를 알고 지나침이 없기를 바래요

하루하루 다가오는 짧은 여명

슬픔도 아픔도 아름답고 고귀하기에

즐겁고 보람찬 일만 생각하며 살아갈게요

느린 삶, 느슨한 삶

어쩔 수 없이
삶이 느려진다
삶이 느슨해진다

횡단보도 깜박불에 마음졸여 무엇하랴
놓쳐도 5분 차이인걸

잘났네 못났네 따지고 다투어 무엇하랴
도토리 키재기인걸

세상 원망하며 불평해봐야 무엇하랴
조금 데면데면하면 될 일

남의 허물 들추고 얼굴찡구려 무엇하랴
그냥 덮어주고 토닥거리면 될 일

적당히 마음 편하게 살면 어떠랴
과하지 않은 절제로 이해하면 될 일

좀 뒤처지고 떨어지면 어떠랴
요령 피우지 않은 것으로 위안받으면 될 일

눈이 쌓이면 가지를 아래로 늘어뜨리는
히말라야삼나무처럼

타는 목마름에도 아침이슬 몇 방울에 미소 짓는
사막의 선인장처럼

과분한 일에 힘 소진하고 싶지 않다
긴 기다림 끝에 찾아오는 작은 행복에 만족하고 싶다

남은 인생 과속하지 않으리라
남는 시간 덤으로 생각하리라

나를 불편하게 하던 것들도 실은 내게 필요한 것들이었으니
편한 것 불편한 것 따지지 않고 그저 그저 다 받아들이리라

발버둥 치지 않고
고집부리지 않고
세상의 이치와 싸우지 않고
부족함에 주눅 들지 않고
시류에 휩쓸리지 않고

나에게 주어진 여유
찬찬히 맛보며 즐기리라

| 3부 |
껍데기는 가라

겉만 화려한 껍데기들이
말만 화려한 껍데기들이
가짜만 화려한 껍데기들이

설치고
나대고
몸부림치고
이전투구하니

예의염치는 기를 펴지 못하고
품격은 권태에 묻혀버리고
진실은 불편하고
정체성은 왜곡되고
시대의 분별은 조롱받으니

그래도

낙엽 지고 겨울 오고
우리 함께해야 하기에

추운 겨울 뚫고 나온
인동초의 그 고고함을
오랜 세월 면면히 이어온
우리 삶의 꿈과 소망이
다시 오기를 염원하기에
시대의 껍데기를 깨고 새 시대를 열어

낭만이 있고
순리가 역사하고
명예가 존경받고
신념과 소명이 목말라하는
꽉 찬 경건함에 감동할 수 있기를

허울 좋은 껍데기는 가라

마음 가는 데로 가게 하라
옆집애 게이트 간다고 마음 아파하지 마라

삶을 강타하는 순간들
소용돌이가 되어 속을 맴돈다

그 순간들을 통제할 수 없지

사랑으로 인내하기를
당신의 품속을 안식처로

머리는 잊었는데 손은 기억한다
날 있는 그대로 받아주기를

기억은 그대로인데
그 기억은 돌아오지 않는다

지레짐작 피해의식에 빠진 나
나만 이런가 봐 하지 마라

일단 솟아날 구멍은 파놓는 거야

가늘고 길고 잔잔하게 강 같은 평화는
누구에게나 오지

한꺼번에 두 마리 잡겠다고 허울 떨지 않으면

위선의 껍데기는 가라

하고도 안 한 척
알고도 모른 척
겉으론 안 그런 척
혼자만 의로운 척

속은 깡통이고 빈껍데기인데
소리만 요란하니

피하는 게 상책이나
주위가 온통 그러하니
북풍한설 매서운 칼바람보다
견디기 어려워라

능력에 비해 실력이 과대평가 되어 있어
위선이 판쳐도 그것이 위선이 아닌 진선인 줄 알게 하니

위선에 휘둘리고
위선에 빠지고

위선을 휘두르게 되니
무엇이 옳고
무엇이 정의이고
무엇이 도덕인지
남은 것은 패거리뿐이라

잘 쓴 위선의 칼이
영달로 가는 지름길이 되니
법은 돈에 굴욕당하고
정의는 불의에 자리를 내주고
역사의식 윤리의식은 언감생심이고
모두가 내 유익의 주판알만 튀기고 있으니

무오류의 광기가 진실을 집어삼키고
그 광기의 끈을 붙들기 위해
너도나도
광장으로 몰려와 소리높여 외쳐대니
세상은 뒤죽박죽 뒤집히고 있다

이러니 세상은 온통 껍데기뿐이라
염치도 없고
예의도 없고
분별도 없고
나 좋은 것만 나 편한 것만 있어야 하니
내편 네편
남편 우리 편
가르고 나누어
상대는 호구가 되어도
나는 챙겨 받아야 하니
무엇이 본이고
무엇이 말인지 헷갈린다

만경대 정신 찬양하면서
자식은 그 철천지원수의 나라에 유학 보내고
군대 쪽수는 그저 루저, 낙오자들이 채우면 되고
그들이 다 용이 되려고 용쓰지 않아도
용 같은 세상 만들어 줄 거니

그렇게
모든 것이 제 것인 양 거들먹거리며 선심 쓰는 척하니
진실에도 거짓이 있는 것처럼
계몽하고 가르치려고 하니

수작도 적당히 해야 하거늘
멋대로 계속 지껄이니

다 안다고
다 통달했다고
착각하지 말고
쓰레기보다 못한 껍데기인 줄만 알아라

정치껍데기는 가라

빈 수레가 요란하니
막말에 고함에 욕설에 삿대질에
이보다 더 시끄러운 데는 없다

나라를 들먹이고 국민을 들먹이나
마음은 보스와 패거리에게 꽂혀 있고
국리민복은 말뿐이고
정의로운 척 쇼만 하고
시대의 소명은 간데없고
복수심만 가득하다

입만 열면 거짓말이고
선거철만 되면 온갖 아부뿐이고
이 당 저 당 찾아 철새처럼 옮겨 다녀도
묻지 마 표 몰아주니
이 땅에 소신과 원칙과 신뢰를
지킬 자는 누구인가

온갖 특권 과시하고 싶어
공항 귀빈실에서 으스대고 싶어
자기 앞에 장관 두고 호통치고 싶어
낀 껍데기 빈 껍데기 가리지 않으니
염치없는
정상배들 모리배들 사기꾼들만 득실하다

햇살이 비추면
너의 그 누추한 뒷모습
곧 드러날 거니
그때의 회한과 통한은
누릴 때의 기쁨보다 백배는 더 크고
영속하리니
그 누림은
순간이고 빈 깡통이고 껍데기인 줄 알아라

삶의 껍데기들 치워라

나 혼자만 사는 세상이 아닌데
나 혼자서는 아무것도 할 수 없는데
나 혼자서는 돈 벌 수도 없는데
나 혼자서는 재미있게 놀 수도 없는데
나 혼자서는 내 영광도 드러나지 않는데
내 풍요는 나 혼자만 있으면 알 수 없는데

그래도
네가 잘되는 것 화가나
네가 행복한 것 화가나

왜 혼자 사는 것처럼
나 혼자만 생각할까

산은 골짜기에 폭포를 만들고
폭포는 굽이굽이 물길을 만들고
물길은 이리저리 이어져
어장이 되고 논밭 저수지가 되고

그 저수지 논밭 어장에서
내 삶 가꾸어 가니

자연도 서로가 서로에게 의지하고
우리들 삶도 서로에게 의지하거늘

왜 혼자만 사는 것처럼
내 주장만 하고
내 몫만 챙기고
나만 명당 차지하려 하고
내 영광만 생각할까

으스대는 기쁨
눌러대는 기쁨
내려다보는 기쁨은

기쁨이 아니라 그냥 학대이고 자학일 뿐임을
허공에 떴다가 사라지는 껍데기일 뿐임을

너만 생각하고 너만 위하고 너만 편함은
그런 너는
우리에게는 쓰레기보다 못한 껍데기일 뿐임을
그런 영혼 없는 껍데기는 가라

진실함과 따뜻함이 없으면 껍데기인 줄 알아라
절실함에 진정성이 없으면 껍데기인 줄 알아라
함께함에 신실함이 없으면 껍데기인 줄 알아라

작아도 의미 있는 것이 진정 큰 것이고
이해하지 못해도 감당하고 받아들이는 것이
진정 위대한 삶이고
가치에 이끌리는 삶이 진정 행복을 주는 삶이니

쉬운 요령에 기댄 삶이 아니라
박제된 허상에 영혼을 파는 삶이 아니라

열심에서 찾는 충만한 기쁨

베풂에서 받는 산 같은 은혜
배려에서 얻는 반석 같은 평강
누리는 삶 되기를

이리저리 흔들리는 껍데기가 아닌
시류에 휩쓸리지 않는 너다움에서
남과 다른 너다움의 매력을 찾아
네가 좋아하는 것에 당당한 순간들
맞이하기를

| 4부 |

이 산하 내 고향

시간의 흐름이
겹겹이 쌓여가는 이 산하

단풍과 노을빛 언덕
낙엽 지고 눈 내리던 내 고향

오르막 내리막 언덕배기에 오르면
강물은 산자락을 휘돌고

논밭 논두렁은 추억을 불러일으키고
그 사이 차길, 철길이 새역사를 만든다

과거는 전설이 돼가고
흔적은 점점 희미해지나

그 산하 그 고향에
우리들 사연, 추억은 쌓여있어
낭만이 살아있고
포근함이 남아있기에
그 산하 그 고향에서
위로받고 힘 받고 싶다

시대는 변해도
아름다움은 시대를 가리지 않을 것이니

그 산하가 그리워
그 고향이 아리워
하늘 바라보고 별 바라본다

정 동 진

태양이 밀려오는 곳
동쪽을 향한 로망이
몸과 마음을 정동진으로 향하게 한다

탁 트인 바다
바람 타고 오는 바다의 향기
하얀 거품 만들며
바위에 부서지는 파도

파도는 흰 포말이 되어 밀려오고
그 위에 형형색색 색깔이 더하고
하늘색을 머금은 산과 바다는
봄 햇살에 넉넉함을 더하니
화려함과 순결함이 숨바꼭질한다

레일바이크 철로 옆으로
쪽빛 바다가 코앞이고

발아래 바다와 언덕 바위가
서로 콧등을 비비고

수평선 너머 짙푸른 바다
깊이를 헤아릴 수 없어 신비로워
자연이 그려놓은 화폭 앞에
잠시 취해본다

녹색의 산허리에 드문드문
태고의 바위들이 겹겹이 쌓인 해안단구
땅과 바다의 역사가 숨어 있다

해가 지면 먼바다로 나갔던 고깃배들
고요함을 품고 돌아온다

세상의 속도가 아니라
나의 속도에 맞춰주는
파란 하늘 푸른 물결 속
바다 수평선 위의 흰 구름처럼

하늘을 날아
검푸른 바닷속 추억이 쌓여있는
정동진으로 떠나고 싶다

장봉도 둘레길 따라

공항철도 운서역 삼목항 신도항 장봉항
가막머리 봉화대 국사봉 상산봉

철길 뱃길 찻길 발길로
건어장해변부터
이어지는 둘레길 따라
서쪽 끝 가막머리에 이르니

지척에 서만도 동만도가 물 위에 출렁이고
먼바다는 벌써 석양의 낙조를 준비하는 듯
흑갈색 노을 피어오른다

산봉우리가 길게 늘어졌다 하여
장봉도
그 동쪽 끝 상산봉에 서니
북쪽으로 강화도 마니산이 먼발치이고
남쪽으로 말문고개 지나

인천공항 용유도가 다가올 듯 손짓한다

살랑살랑 해안가에 봄바람 비벼대고
회갈색의 거친 돌 무리가 물 위에 첨벙하고
겹겹의 주름 바위가 병풍처럼 막아주고
연두색 풀냄새 풍기는 오솔길 속 새들이 합창하고
오는 길 갈매기들이 뱃머리를 휘돌며 손짓하며
다시 만남을 기약한다

보성에 가면

산등성이를 따라
붉은 물감을 풀어놓은 듯
진분홍 철쭉이
제암산 사자산 일림산의
정상을 빼곡히 뒤덮고 있다

그 사이 듬성듬성
녹색의 앉은뱅이 산죽이 자리하고
구름과 바람이 쉬어가는 샛길에는
저마다 제 길인 양
온통 휘젓고 있다

울창한 숲에 가려진 선녀탕
숲속 물길 넘쳐흘러
나무와 자갈을 비집고 자기 길을 만들어
실핏줄처럼 한곳으로 모이니
계곡을 굽이굽이 건너

용추폭포에 이르러
웬만한 높이쯤은 망설임 없이 뛰어내려
메아리가 되고 우렁찬 합창이 된다

임란의 충무공을 생각하며
그 궤적이 그리워
율포해변을 멀리서 바라보니
하얀 등대가
햇살에 빛나는
반짝이는 은모래와 함께
순백의 소망과 꿈을 지키고 있고

그 바닷가로
고깃배 하나가
익숙하게 방파제 안으로 들어와
제집을 찾은 듯
안도의 한숨 내쉬고 있다

활성산 봇재의 녹차밭은
유난히 녹음이 짙다

산등성이 사이사이
계곡을 메워
비단 물결처럼 이어진
초록빛 차밭이
끝없이 이어질 듯하다가
그 끝이 보이고
산들은 갑자기 키를 높이고
낮은 능선을 타고 온 구름이
긴장이 풀린 듯 주저앉아 시야를 가린다

굽이굽이 흘러 주암호에 이르는 강물길
그 길 이끄는 대로 달리고
나무의 수신호 따라 차선을 바꿔
이리저리 돌다 보니
여름이 목전에 왔는지

강은 살얼음을 메고 있는 듯
눈부시다

도로 밑 강가에는
아무렇게 자란 들풀이 무성하고
쏠려온 모래들이 만든
강 위의 섬들은
제멋에 겨워 무게를 잡고 있으나

제자랑 할 겨를 없이
갑자기 어느 메서 구름이 내려와
시야를 가로막으니
아직 펼쳐 보이지 않은
푸른 내음 가득한
남도 보성의 낭만과 감성을 더 궁금하게 한다

난지도 붉은 노을빛 아래

월드컵대교를 지나면
피라미드처럼 보이는
마름모꼴 두 산이 마주하고 있다

석양이 되면
금빛 강물과 하나 되며
하늘과 초원이 맞닿은
하늘공원이 있고
해 질 녘 기다려지는
노을공원이 있고
북단을 감돌아 한강에 이르는
생명의 길 난지천이 있다

한땐 쓰레기 언덕이었으나
버려진 땅이었으나
아픈 세월이 쌓여있는 땅이었으나
거친 인고의 세월을 버텨
박제된 고통을 이겨내고
인간의 바람을 살려
큰 동산이 되고
공원이 되고
생명의 땅이 되고
사람들의 땅이 돼가고 있다

다시 버들가지 피어나고
바람에 꽃망울 나부끼고
은빛 억새풀 허리춤 추고
파란 풍광과 운치가 살아나는
그렇게 조금씩 조금씩
자연과 생명을 채워가고 있다

초록빛 물들었던
자연으로 돌아가기 위해
몸부림쳤던
지난날들 회상하며
강바닥에 비쳤던
너의 과거 모습을 그려보며
방황했던 지난날들을 돌이키며
지금은
따사로운 햇살 마음껏 마시면서

아픈 고통을 이겨낸
그 땅이
우리의 도전과 의지가 담겨 있는
그 땅이
이젠
본래의 당당함 살아나는 것 같아

전설이 돼가고
자랑이 돼가고
낭만이 숨 쉬는
꿈을 꾸며

다시는
자연을 방해하지 않고
자연을 제압하지 않고
생명의 숨결 지키리라
다짐한다

중앙로 벚꽃길

겨우내 움츠렸던 나뭇가지에
춘삼월 벚꽃 향내 그리워
덜자란 꽃망울에
이리저리 눈길을 돌려본다

세찬 바람도
들판을 돌고
아파트단지를 돌고 돌아
어느새 봄바람이 되어
초록 잎새 흔들거리고
그 사이사이 반쯤 열린 흰 꽃망울이
언제 그 환한 모습 드러낼까
살짝 미소를 보내 궁금케 한다

봄이 빨리 지나가려나
몽실몽실 솜사탕처럼 향기 가득 품고 있다가
밤사이

첫눈처럼 화사한 꽃 무리가 되어
중앙로 단지 길을 하늘 가득 뒤덮고
화려한 자태를 뽐낸다

흐드러진 벚꽃에는
산들바람이 제격이다
살짝살짝 흔들흔들 미소 사이로
따사로운 햇볕도 흥겨운 듯 춤을 추고
자연과 인간이 하나 되어 어울리니
평화로다 평화로다

갑자기 자연이 준 선물 앞에
봄도 시샘하나

두어 차례 가늘게 내린 아침 비에
어느새 흰 눈보라가 되어
거리에 수북이 쌓이고
이리저리 흩날리고

이리저리 밟히고 쓸리고
눈 녹듯 금방 사라지니

우리네 덧없는 인생도 이런가
추운 겨울 이겨내고 만개한
벚꽃의 짧은 운명을 탓할 건가

겨우내 움츠렸던 나뭇가지에
새싹 고히 움트고자
아이의 잉태만큼이나
치열한 움직임 속
바람 소리 되어 목놓아 울었을
네 목소리를
눈치채지 못해
미안할 뿐이다

문경새재

이화령터널을 지나
내리막 비탈길을 좀 달려가니
눈앞에 뾰족하게 솟은
삼각형 모양의 작은 봉우리가
시야를 가린다

그 봉우리를 기준 삼아
왼쪽으로 돌아 올라가니
초록빛향기 가득한
주흘산 조령산 자락이 양쪽에 포대처럼 둘러싸고
은행나무 가로수길 따라
이어진 잔디마당 한가운데
옛길박물관이 자리하고
이어 곧은 길 따라가니
문경새재 과거 길의 표지석이 보이고
그 뒤로 독수리 날개 펼친 듯한
성곽과 제1 관문 주흘관이
우리를 반긴다

입신양명을 꿈꾸며
죽령, 추풍령을 마다하고
새도 넘기 힘들다는
백두대간을 넘어야
한양길이 당겨지리라
다짐하며 재촉하며
험준한 고갯길을 힘겹게 오르내리던
영남 선비들의 숨소리가
바람 소리 되어 귓가를 스친다

제3 관문 조령관이 가까워지니
길은 숲으로 빨려 들어가고
폭염 속 짙푸름이 먹구름처럼 누르고
경사진 길 아래에는 계곡물이 흐른다

길이 굽으면 계곡도 굽고
산새도 그 숲길을 따라 굽이굽이 노래하니
시냇물 소리도 새소리에 리듬을 맞춘 듯
구슬피 울어대고

산 넘어 산이 있어
걸음을 멈추게 하고
신립과 신충원과 의병들과 수많은 나그네들의
외침과 숨소리가 숨어 있어
상념에 멈추게 하는 곳

이리저리 발길을 재촉해보아도
그들의 발자취는

고엽 속에 겹겹이 묻혀
헤아릴 길 없다

그때처럼
밤이 되면
별이 뜨고 반딧불 불 밝히는
그 자연의 길이고
역사와 문화가 살아 숨 쉬는 길이기에
지친 삶에 작은 휴식 묻어 두었다가
다시
그들의 발자취를 찾는
우리의 방황은 멈출 수 없다

내 고향 당진

당진군 우강면 송산리 은동 545번지
역사와 조상의 숨결이 면면히 흐르는 내 고향

당나라로 가는 관문이었던 당진
뱃길로 인천으로 그리고 서울로 향하던 그곳

동쪽으로 도곡 온양과 천안을 한참 휘돌아야 했지만
삽교방조제를 통해 평택을 거친 제법 반듯한 길이 놓이고
서해대교를 통해 마침내 직선의 지름길이 생기니

당진나루가 당진항이 되고
당진평야가 거대한 당진철강산업단지가 되고
최신의 서해함대가 이웃해 정박해 있는
세월을 이긴 근대화와 산업화의 길목이 되었다

내가 살던 송산리 은동에서
서쪽으로 십 리쯤 걸어 올라가면

여인의 긴 눈썹을 닮은 아미산이 있고
그 아래 산길 따라 내려오면
고려 시대 왜구침략의 방벽이던
면천읍성이 자리하여
연암 박지원의 자취가
복지겸 딸의 효심이
진분홍 진달래꽃과 함께
달빛 아래 구름 아래 아련하게 펼쳐진다

동쪽으로 온양을 거쳐 서울 가는 길에
길게 늘어져 있던 합덕제
합덕평야 우강평야의 젖줄이었고
어장이고 식수원이고 물놀이터였던
그 큰 저수지였던 방죽이
옛날의 웅장한 모습은 사라지고
작은 흔적으로 쪼그라든 것 같아
쓸쓸히 발길을 돌리게 한다

솔뫼에 이르니
아픈 선교역사를 간직한
김대건 생가와 기념관이
우리를 반긴다

우리 땐
그냥 소나무밭이었고
드넓게 펼쳐진 평야의 한 가운데 자리하여
수천 마리의 잿빛 두루미 떼가
먹구름처럼 한꺼번에 밀려와 춤을 추던
자연의 땅 솔뫼

그곳에 순교의 피가 쌓이고
시대를 앞서간 젊은 신부의 삶에
씨앗처럼 담긴 울림이 있어
소나무 숲을 따라
예수 고난을 생각하는
십자가의 길이 생기고

과거를 기억하려는 사람들이 모여드는
순례의 땅이 되었다

내 고향 당진
그 숨은 땅에
격동의 동서양 문명이 부딪치고
근대화의 버거운 짐을 지고 시름겨워 하던
아픈 그리고 치열한 역사가
한꺼번에 밀려와

고향의 품이 그리워
따사로운 햇살 넘실대는
왜곡 마을 왜곡 항에 이르니
반짝이는 물결
북적이는 해변에
내 마음이 구름을 탄 듯
가볍고 평안해진다

두물머리

남북이 하나 되라고
두 물길이 만나
한강이 되고 장강이 되어
푸른 강물 유유히 출렁하니
저 강물 따라 흘러가고 싶구나

드넓게 펼쳐진 강폭은
어머니 치마를 두른 듯
따스한 손길이 되어
세상의 파도 밀쳐내고
고이 잠든 자식 꿈 깰까
조심스레 뒤척이시던
그리운 어머니 모습이어라

유구한 세월
굽이굽이 물길을 따라
오르고 내려온

수많은 하소연과 시름은
어디 가고
물새는 무심히 강가를 노니는가

세월이 가도
한 몸으로 흘러온 두 물
물결 따라 서로 껴안고
새로운 꿈 꾸기 위해
잠시 머물다 쉬어가는 곳

강변의 물안개 피어오르는 소리가
들릴 듯 말듯 고요를 더하면
강물은 다시 살랑거리고 흔들거리고
석양의 노을빛은 멀리서 그 깊이를 더한다

물결은 예전 그대로이고
강 위의 구름은 여전히 유유자적하나

청운의 꿈 찾아
힘든 마음 토해내고
방황하며 저항하며 외쳐대던
젊은 날의 푸른 열망과 염원이
다시 파도쳐 올라온다

내면의 치열한 출렁거림이 솟구친다
뜨겁게 부딪치는 역사의 소용돌이를 본다

아픈 세월과 역사의 질곡들이 쌓인 그 물결 위에
자유와 정의도 강물 되어 흐르고 쌓이리라

감추어졌던 가려졌던
지난날의 그 뜨거웠던 숨 가쁜 소리가
다시 살아 귓전을 때린다

고요한 한강

하늘빛이 우울한 날이면
조용한 음악 한 곡 들으며
강가에 서서 조용히 미소 지어보고 싶다

하늘빛이 황량한 날이면
진한 커피 한 잔에 목 축이며
강가에서 노을빛으로 물드는 언덕에 입맞춤하고 싶다

하늘빛이 거친 날이면
사랑하는 사람의 눈 속에 비친 파란 하늘 바라보며
강가의 벤치에 앉아 나뭇가지에 걸린
작은 햇살에 눈부셔 보고 싶다

물가의 나무 잎새에 아지랑이 피어오르게 하고 싶다
강가 노니는 물새들에 하얀 웃음 안겨주고 싶다
석양 녘 낙조의 쓸쓸함 포근히 안아주고 싶다

빌딩 숲 밤의 열기도
강물의 고요함 속으로 빨려 들어간다

거리의 번잡함도 광장의 소란함도
강물의 유유함에 그 힘을 잃어간다

몸부림치며 메아리쳤을 한숨과 함성도
강물의 도도함에 밀려 침묵한다

역사의 소용돌이가 휘몰아친 폭풍이
십자가 군병이 되고
먹구름 짙게 드리웠던 천년의 역사가
천금의 무게를 더해
이 강물과 함께 묵묵히 버티고 있다

근현대사의 정치적 격변과
시대사적인 위기와 마주하며

역사의 거대한 수레바퀴 속으로 휘말려 들어갔던
우리의 사무침이 이 물결 위에 방황하고 있다

우리의 다짐이었고 의지였고 고집이었던
한강의 기적은 변함없이 이어지리라

이 강물의 흐름처럼
우리의 의지 꺾이지 않으리라

힘든 순간 보람찬 순간
우리를 위해 고독하게 버티어준
변함없는 그 물줄기 바라보며 다짐하리라

나뭇가지 위에서 새들이 노래하고
그늘진 천막 안에서 아이들은 곤히 잠들고 있다

흘러가는 흰 구름아
이 강물의 파란만장을 아는가

저 고요한 강물 바라보며
번뇌와 걱정이 내려진 고요함에 빠져보고 싶다

저 고요한 물길 바라보며
자유로운 영혼이 되어 고요한 물길 속에 잠기고 싶다

| 5부 |
시대를 넘어 세월을 넘어

뒤 안 돌아보고 앞만 보고
내달려온 지난 세월

무심한 세월 따라
스쳐 지나가는 바람 따라

구름같이 살아온 내 인생

이젠 정처 없이 떠다니는
조각배 되어

지나면 모두 헛것인
집착과 고집, 욕심 모두 거둬
세월 속에 띄워 보내고

뜨는 해 지는 달 바라보며
무상 속
구름이 되어 바람이 되어

물결치는 대로 바람이 부는 대로
피어오르고 싶다

신작로

맑고 푸른 하늘 아래
산자락을 휘돌고 들판을 가로지르는
신작로

발길에서 지겟길로 다시 신작로로
새 시대가 열렸다

집 툇마루에서 올려다보이는 새들도
넓은 신작로를 따라 어딘가로 달려간다

하얀 고무 신발에
검은 갓, 흰 두루마기의 의관을 곱게 차려입은
어르신들이 신작로를 따라 숨을 고른다

햇살이 점점 따가워오매
농부들이
땀을 훔치고 목을 축이기 위해

개울에 손을 씻고 나무 그늘에 앉을 즈음
저 멀리 새참을 머리에 이고
신작로길 따라오는 아낙이 보인다

막걸리 한잔하고
눈 붙였다가
다시 졸린 눈 비비고 일어나
확 터진 신작로 따라 이어진
들판에 발 담그고
김매는 소리가
우렁찬
합창이 되고 메아리가 되어
신작로에 울려 퍼진다

녹색 들판 사이로 곧게 뻗은
신작로 위로
하얀 김이 모락모락 피어오른다

잔칫날

우리 우리 잔칫날
우리 고모 사촌 누나 시집가는 날

앞마당에 천막치고
뒤뜰에 불판 지피고

엄마는 떡방앗간에 가고
삼촌들은 시장가고 나무하러 가고
아빠는 앞 손님 뒤 손님 따라
이리 뛰고 저리 뛰고

동네 청년들
돼지 잡고
동네 아줌마들 소여물 만들 듯이
가마솥 휘어 저으니
시장바닥이 따로 없다

늦은 밤 어디선가 들려오는
새신랑의 외마디소리
동네 청년들
예쁜 동네 신부 훔쳐 간다고
새신랑 발끝 매달고
내리치니
장사인들 견딜 수 있으랴

어떻게 알았는지
어김없이
초대받지 못한 손님이
제집인 양 천막의 한켠을 차지한다

이집 저집 귀동냥하고 적당히 섞은 줄거리에
걸쭉한 입담으로
새 소식을 뱉어낸다

누렇게 바랜 이리저리 헤어진 적삼이고
수염은 석 자가 넘을 듯하고
맨발인지 신발인지 가늠할 수 없는 모습이
옛날에 봤던 그 정겨운 형색이어서
스스럼없고 반갑다

아이들 배불리 먹었으니
동네 뛰고 산자락 뛸 차례
형들이 돼지 밥통에
바람 넣고 새끼줄 돌려 만들어준
둥근 공으로 공차기하던 날
그 재미에 어른들도 달려드니
어른 아이가 하나 된다

정월 대보름

동짓달 그 어둠이 싫어
섣달 보름달이 그리워져

어둠 속 악귀들에 놀라
논두렁 밭두렁 불 질러

풍요와 다산이 간절하여
보름달보다 더 밝게 달집 태워

통조림통에 관솔불 피우고
얼레꼴레 하며
아랫동네를 향해
힘차게 돌리며 진격하니
불꽃이 사방으로 눈발처럼 휘날리며
서로 뺏고 때리고 넘어지는
아수라장이 장관이라

지친 아이들 돌아올 즈음
주린 배 헤아려
우리네 어머니
오곡밥 정성껏 지어
솥뚜껑 안에 덮어놓으니

동지섣달 긴긴밤
차가운 설한풍 속에
애잔하고 뭉클하기만 하네

청계천 연가

인왕산과 북악산의 정기가 모이는
백운동 계곡에서 발원하여
삼청동천에서 몸집을 키우고
육조거리를 지나
동쪽으로 방향을 틀어
중랑천에 이르니
도심의 허파라

광통교, 혜정교, 수표교, 마전교, 오간수교
서울 거리를 갈비뼈처럼 위아래로 가르니
그 수가 26이라
가히 서울 복판의 허브임에 손색없다

생명의 빛 모으고
바람길 공기기둥 만들고
물길, 사람 길이 되다가

파이고 헐리고 복개되고
도로가 되고
다시
숲길이 되고
돌길을 휘돌아가는 물길이 된

북풍한설 매서운 추위 견뎌내고
가마솥 불볕더위 식혀주고
하늘의 폭포수 담아내고

수천 년
이 겨레와 함께
그 자리에 있었기에
거기에 우리의 숨결, 역사가 함께 흐르고 있었기에

수없는 생채기를 겪고도
수많은 슬픈 이야기가 쌓여있어도
묵묵히 말이 없는

그 흔들림 없는 내색 속에
그 내밀한 마음을 읽는다

기쁠 때나 슬플 때나
한결같음으로
우리의 허물 감싸주고
우리의 비밀 지켜주고
우리의 모습 지켜보는
그 인자한 어머니의 얼굴이여

놀라운 인내심으로
천년을 버텨
새로 환생한 너를 보며
숨겨진 역사의 새로운 진실을 찾고
새천년 너의 갈길 너의 모습 상상하며
숨죽이며
사랑하며
너의 존재 껴안으리라

양촌리 사람들

사람 사는 세상
양촌리에
그 시절이 그리워
다시 모였다

어머니 밥상에
보물 같은 된장 맛
애틋한 정이
함께 버무려져
우리네 옛 추억을 되살린다

괜찮은 거야
어떻게 지내는 거야
따뜻한 한마디 한 마디에
이제는 잊혀진
수묵화 같은 농촌풍경이 되살아난다

수남이 영남이

일용엄니 복길댁
용진어른 상태대감
금동이 계인이
불암회장 혜자사모

서로 응원해주는 게 좋다
철없는 순수함이 있어 좋다
자연스러운 삶의 이야기여서 좋다
인정을 나눠주는 푸근함이 있어 좋다
옛 어른들의 인자한 모습이 살아있어 좋다

세월은 흘러도
그 모습들은 그대로 살아있어

창호지 창틀 사이로
따뜻한 햇볕 밀려오고
인적 드문 적막함 속에
바람 소리 꽃내음 밀려온다

진달래 철쭉 길 따라
봄을 노래하고
비 내리고 눈 내리면
화롯가에 나란히 둘러앉아
오순도순 이야기꽃 피우던

그 고소하고 소담스러웠던
그때의 양촌리가
그때의 양촌리 사람들의 이야기가
그립게 그립게
우리를 끌어당긴다

재회

그때 내가 널 잡았다면
우린 덜 외로웠겠지

서로 마주 보지 않아도
마음속으로 늘 고백했겠지

다시 봄이 오면
재회하리라 작정했지만
그 재회가 이렇게 멀리 달아날 줄은 몰랐지

조금씩 잊혀져 가다
조금씩 멀어져 가다

이별하며 살고 있다가
추억하며 기다리다가

다시 돌아올 기약 못 하고

다시 만날 기약 못 하니

그때 그 추억이 그리워
옛 추억 끄집어내려 해도

그 시절 그때 그 추억이
갈수록 희미해져

혹여 너와의 만남이 오면
어쩔까 되려 두려워지니

망각의 강물을 마시고
천년의 여로를
그냥
홀로 헤매어야만 하는지
안타깝기만 하다

향수

낯선 타향
마음은 구만리
외로이 떠 있는 고향에
그리움만 쌓여가네

봄이 오면

개나리 진달래 철쭉 길 따라
봄을 노래하고 청춘의 꿈 노래하던

산들산들 봄바람 따라
봄처녀 그리워하던

꽃구름 찾아 범나비 따라
산천의 꿈 그려보던

저녁 하늘이면

흑갈색 노을빛처럼
피어오름이 있어
슬픔이고 아픔이고 서러움으로
다가오지만

훈훈한 봄바람 날아와
꽃가루처럼 다가오는 향기여서
그 안에 사랑이 강물처럼 흘러서
서러운 얘기 까맣게 잊고
아득하니 꿈속에 잠기어라

비 내리고 눈 내리면
화롯불 앞에 둘러 모여
눅눅한 몸 녹이며
군밤 구워 먹으며
도란도란 이런저런 얘기 꽃피우던
그때 그 모습 그리워

캄캄한 밤 아득한 밤
별빛 쏟아지는 밤
두견새 슬피 우는 밤

어머니 홍두깨 두드리는 소리에
가을밤 깊어가고
산등성이 가르는 두견새 우는 소리
구름이 되고 바람이 되어
낙엽 지고 파도치는 소리가 되어
슬픈 노래가 되어
가슴을 적신다

푸른 밀밭 사이로 난 외길
그 길 따라 외로이 떠나가는 나그네
정처 없이 떠도는
흰 구름 되어
흰 돛단배 되어
노을빛 물드는 언덕배기 바닷가에

떠도는 방랑자여라

석양이 물들 즈음이면
밀밭 도랑에서 김매는 아낙네들
버거웠던 하루 일과 끝내려
손과 마음 바빠져

짙어져 가는 어둠 속
가쁜 숨, 왁자지껄 수다 소리
이리 엉키고 저리 엉켜
어울림이 되고 메아리가 된다

추억의 날개 위에
상처도 할큄도
그리움이 되고
눈부심이 될 줄이야
아름다운 무늬가 되어
꽃송이보다 더 화려할 줄이야

초가 처마 밑 제집 맡기고
훌쩍 떠난 강남제비
해마다 봄이 되면 순례하듯 찾아와
다시 봄소식 들려줄 것이니

몸으로 땅을 만지고
마음으로 하늘을 만지던
그 고향의 향기가 하늘에 닿으니
그 그리움이 삶의 기둥이 되고 길이 될 것임에

봄봄 봄을 노래하고
청춘의 꿈 노래하던
고향의 봄은
언제나
산들산들 봄바람이어라

할아버지의 눈물

구한말의 끝자락에 태어나
일제 강점과 해방의 혼란
6·25 남북 대립 근대화 역정의
1980년대 한복판까지
격동의 시대를 온몸으로 마주하신
할아버지

할아버지의 마지막 눈 감겨드리는
작은아버지의 손 떨림을 보면서
그 할아버지가 그 할아버지의 아버지인
증조할아버지의 앙상하게 마른 입을 힘겹게 벌리시고
마지막 단계로 밥 한 순가락 조심조심 넣으시며
굵은 눈물 삼키시던 할아버지가
내 가슴속 큰 바위가 되어 다가온다

한학에 일가를 이루신 할아버지
유교적 삶에 한점 흐트러짐 없으시던 할아버지
그런데도

딸 며느리 새벽 교회 가는 것 막지 않으신 할아버지
그렇게 시대의 흐름 거스르지 않으셨던 할아버지

그 할아버지의 큰아들
내 아버지는 6·25속 행불이 되고
나는 유복자로 태어나
할아버지와 한 이불 덮고 자고
한 상에서 먹고 마시며
가끔 그 얼굴에서 두려움과 소망을 읽으며
할아버지가 아버지에 대해 한 마디 안 하신 이유를
뼛속으로 느끼며 지내왔다

그 할아버지 돌아가시고 10여 년이 지난
1998년 나의 국방대학원 안보 과정 수료식에서
아버지의 육사 동기생인 김종필 총리와
단상에서 접견의 기회가 있어
아버지 얘기 꺼내리라 작심하고
무겁게 한 걸음 한 걸음 내디뎠지만

단상 앞에 비친 할아버지의 모습에
할아버지 마음속 50년 세월 묶어놓은 그 회한이
내 가슴속에서 한꺼번에 터질 것 같아
얼른 악수하고 내려왔다

그토록 자식을 그리워하면서도
그 자식이 어떤 경로로 사라지고
어디에 머물러 있는지
애써 찾지도 알아보지도 않으시려고 했던
할아버지의 그 속마음
나이 든 이제야 한 알 한 알 마음에 새겨진다

할아버지가 증조할아버지의 입에
마지막 밥숟갈을 넣으시며
삼키시던 그 진한 눈물이
자식인 내 아버지의 입에 넣으시던
마지막 밥 한 숟갈에 묻은
눈물임을 이제 깨닫고 있다

야생화 시절이 그리워

1.
모진 비바람 맞으며
산등성이 외진 곳에
홀로선 야생화

언제 태풍에 허리가 잘려 나갈지
언제 등산객의 구둣발에 머리가 치일지
야릇한 운명 속 처연한 신세의 야생화

그 고독한 아름다움
꽃병에 정원에 담아두겠다고
꺾고 뽑는 이들이 있으니

가련한 인간들

야생화는 야생에 있을 때
제멋을 보여주는 것

위태위태한 절벽에 걸쳐 있을 때
갈라진 바위틈새에서 나 홀로 버티고 있을 때
억새풀 무리 속에 묻히지 않은 고고함이 비쳐질 때
더 당당하게 빛나는 너

"나 그대들 올 수 없는 이곳에 서서
외롭지만 당당하게 서 있노라"
하고 속삭이는 너

비바람에 씻기고
태양에 맞사지 받고
비탈진 계곡까지 뛰어드는 버릇없는 친구들에게
긁히고 할큄 당하면서 빚어진
그 모습
학의 목보다 공작의 날개보다
백배는 더 아름답다

온실 속 전깃불 아래 잘 다듬어진

화사한 한 무리의 꽃이
달빛 아래 흐드러지게 핀
개울가의 메밀꽃이
어찌 이를 넘볼 수 있으랴

산등성이 외로이 매달려
세찬 풍파 시달림 이겨내고
끈질긴 생명력으로 버티고 있는
야생의 꽃이
진한 감동으로 다가오는
요즘이다

2.
절벽 아래 천하를 내려다보는
야생화 같은 기업가들이
그립다

정부의 성장정책이라는

시대호에 승선하는 행운은 함께했지만

백지장위에 그림을 그리고
한 점 한 점 점찍어 나갔던
선배 기업인들이 그립다

마지막 한 점을 채우기 위해
열사의 땅 중동
북극한파
아프리카의 오지 마다하지 않았던
그 꺾일 줄 모르던 기개가 그립다

버려진 미군 찦차의 엔진을 만지면서
자동차 왕국의 꿈을 꾸고

거북선이 그려진 지폐와
모래사장 사진 한 장 달랑 들고
배 만들겠으니 돈 빌려달라는

봉이 김선달식 객기를 부리고

일본을 알아야
그들을 뛰어넘을 수 있다며
모진 수모, 비웃음 다 가슴에 묻어버리고

세상은 넓고 할 일은 많으니
비좁은 비행기 안이
오히려 더 편안하다고 했던

성공하지 못하면
바다에 뛰어들겠다고
독한 맹세를 다짐했던

그 시절의 선배 기업인들이 그립다

천하를 가질 것 같은
호연지기가 아니어도 좋다

배낭 하나만 훌렁 짊어지고
전국을 세상을 유랑하는
그런 배짱과 담대함이라도
있었으면

그러나 어쩌랴
가진 것이 너무 많아
남부러운 것 없는 처지에
외국 자동차의 수입 딜러나 하고
빵집, 면세점, 명품수입, 순대, 김치 사업까지
하겠다고 하니
너무 초라하고 불쌍하다

가진 것 없어도
가능성에 목말라
남이 안 하는 것 찾아
자갈길 모래밭 길 마다 않고
세상 곳곳을 뛰고 또 뛰던

꿈을 좇아 야망을 좇아
폭풍의 언덕으로 돌진했던
어둠을 헤친 굴곡된 삶이
자랑이고 자산이었던
그 아버지, 할아버지들의 모습과
어찌 그리 다른가

시대의 탄식을 넘어

1.
희망과 꿈을 찾아
엘도라도의 환상을 좇아

시대를 앞당기고
세월을 앞서가기 위해

신세계의 풋풋한 초록색 가슴을 안고
달아오르는 열정의 수레바퀴에 올라

뜀박질하며 달려왔다

그게 소명이고 책무라 생각하며
그게 가치이고 의무라 생각하며
그게 도리이고 보은이라고 생각하며

힘들었던 기억들 안아주고
질풍노도 속 소망의 등불 거머쥐고

붉게 떠오르는 태양 쳐다보며
강렬한 일출의 힘을 온몸에 담아

발길 닿는 대로
마음 가는 대로 달려가

허허벌판에서 새로운 꿈을 꾸고
망망대해에서 담대한 각오를 할 수 있었다

2.
어찌 고난과 역경과 좌절이 없었으랴
어찌 아쉬움과 힘겨움과 고단함이 없었으랴
어찌 폭풍우 비바람 거친 물길과 마주하지 않았으랴

산자락 끝 오로라 빛에 이끌려
쉼 없이 달려왔고
세월은 훌쩍 지나갔지

그런 이 땅에
성취의 뒤에 가려진 뒤틀린 어둠의 그림자가
한꺼번에 몰려오고 있으니

온갖 시기와 질투와 모함이 판치고
분수를 모르는 자들의 방자함이 하늘을 찌르고
거침과 야만의 힘겨루기에 날 지새우고
허황과 억지와 거짓에 올 배팅하고
편법이 정법을 뻔뻔함이 양심을 조롱하고 있으니

야수의 땅이 바로 이곳이라
어지러운 난세가 바로 지금이라

속수무책인 채
순수와 열정은 식어가고
원칙과 지조와 신념은 흐려지니
장강의 푸른 물이 혼탁한 시류에 썩어가고 있구나

3.
근력으로 큰소리치고
교만으로 위세를 과시하고
사탕발림으로 감동을 도둑질하는

그렇게 고뇌의 시간은 흘러가고
영겁의 세월 속 찰나에 불과하지만
당장은 우리들 지혜로 어찌할 수 없지만
소망의 등불, 생명의 빛은 사라지지 않으리니

탄식하며 외치노라

강물의 출렁거림 속에
가슴속 뜨거운 숨소리가 피를 토한다

바람이 구름 밀어내듯
우리의 의지 모아 세상의 근심 밀어낼 때다

남 탓 말고 피해의식에 기대치 말고
자신의 결단과 성취에 기댈 때다

가짜와 기만은 환상을 줄 순 있어도
신념은 만들지 못한다

깨어있는 시민으로 거듭나
시민의 신념으로 생각하고 행동할 때다

거짓의 정치는 잠시지만
진실의 정치는 잠시 가려질 수 있을 뿐이다

정의와 진실에 대한 믿음은 시간이 걸린다
상처는 아프고 고통스럽지만, 시간이 가면 아문다

도덕적 이성에서 후퇴하지 말자

그래야 값싼 위로, 침묵의 동조로부터 벗어날 수 있다
저질스런 자들의 횡포로부터 벗어날 수 있다

청년들아

1.
폭풍 언덕 마다치 않고
거친 풍랑 벗 삼아
멈춤 없는 질주 본능에
어디로 튈지 가늠할 수 없는
그 튀는 도전, 반항이
아슬아슬하게 보이다가도

당차게 쿨하게
때론 맹랑하게
자기들만의 신선발랄함에

이유 없는 우아함으로
이유 없는 자신감으로
비교할 수 없는 너다움으로

하고 싶은 일에 몰입하는
즐기는 것에 거리낌이 없는

주위 눈치에 눌리지 않는

주저함이 없는 그 당당함이
주체하지 못하는 너만의 그 매력이
주눅 들지 않는 그 하얀 뻔뻔함이
세상의 주목을 받고
세상의 중심이 되게 한다

수많은 상처와 한계를 이겨낸
힘든 고난과 저항을 감내한
모진 한파와 비바람 정면으로 마주한
노력과 인내와 헌신과 눈물이 쌓여
오늘의 우리가 있음을 헤아리며

좋아하는 것 맘껏 즐기고
하고 싶은 것에 한계 두지 말고
이룸에 벅차고 특별해짐에 가슴 뜨거워하는
너만의 개성을 살려라

무엇을 해주어서가 아니라
그냥 함께 있어 줌에
감사하고 기뻐하라

감동을 하고 감격에 겨워
꿈을 향해 질주해온 선배들의 열심이 쌓여있음을
그래서 언제나 기댈 수 있는 큰 언덕이 앞에 있음을
기억하라

2.
세상이 내 맘 같지 않다고 실망하지 마라
비바람 맞지 않고 피는 꽃이 어디 있으랴

세상에 눌려
주위의 시선에 눌려
남의 길 따라가려고 허둥대지 마라

이유 없는 반항심으로

사는 방식이 다르다는 이유만으로
위 세대들을 꼰대 짓을 하는 이들로
폄훼하지 마라

공정과 상식과 정의에 눈감지 말고
긍정과 상생의 눈으로
세상 바라보라

3.
청년들아!

지금의 기준으로 생각하면
우리 모두 아프다
우리 모두 상처 많은 이들이다
우리 모두 외로운 이들이다

그러나

위로받게 해달라고 조르지 않았다
힘들다고 어렵다고 도와달라 하지 않았다
가난 때문에 삶을 비판하지 않았다
조상들이 우리 앞길 발목 잡는다고 불평하지 않았다

배고프고 지치고 쓰러져도
꿈을 향해 다시 일어나고
주저함이 없이 거침이 없이
산 너머 광야인 줄도 모르고 내달려왔다

조국 근대화라는 거창한 구호에 숙연해지고
부모 봉양, 처자식 걱정에 가슴이 뜨거워져

열사의 땅 중동으로
천길 낭떠러지 지하 막장으로
총알 빗발치는 뜨거운 정글 속으로
거친 파도 일렁이는 오대양 바다 저 끝까지

주체할 수 없는 소명 의식에 빠져
전속력으로 달려왔건만

그런 우리를
꼰대라 무시한다
가진 것 내줄 땐 다 해줄 것처럼 하더니만
나이 드니 나 몰라라 한다

손자 손녀 돌봐줄 땐 함께 할듯 하더니만
어느새 인걸은 보이지 않고
요양원만 북적이게 하니
마음속은 보이지 않고
장삿속만 보이니
이게 웬일이냐

그러니 청년들아
아픈 마음으로 외친다

연민과 배려가 메말라가는 현실 직시하라고
멀리서 오해하지 말고 가까이 살펴 헤아리라고
도와줄 거라 위로해줄 거라 큰 기대하지 말라고
부모도 친구도 다 자기 갈 길 바쁜 세상이 되었다고
위로해주고 싶어도 도와주고 싶어도 자기 코가 석 자라고

저마다 위로를 주지는 않고 받겠다고만 하는
메마른 세상이 되었으니
안타깝지만 불편하지만
슬퍼하거나 노여워하지 마라

슬퍼함은 자기의 발목을 잡게 할 뿐이고
노여워함은 자기의 억눌림만 크게 할 뿐이다

세상을 너무 어둡게 보려 함이 아니다
현실이 그렇게 되었다는 것이다

기쁨으로 너무 들뜨지 말고

슬픔으로 너무 가혹하지 마라

혼자 감내해야 하고
혼자 해결해야 해서
억울해하거나 서러워하지 마라

고생하고 힘든 시간을 견뎌야
그만큼 더 탄탄해지고

직접 경험하고 직접 깨달아야
거칠고 척박한 땅인 줄 알게 되나니

두 배의 위로와 격려가 되어
돌아올 때가 그때니라

황무지

1.
잔설이 올려다보이는
장독대 놓인 농막에서
고추장, 된장, 간장 맛 내음 맡으며
할아버지와 손자 손 꼭 잡고
할아버지의 아버지 얘기하지

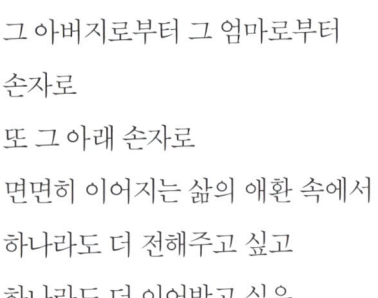

그 아버지로부터 그 엄마로부터
손자로
또 그 아래 손자로
면면히 이어지는 삶의 애환 속에서
하나라도 더 전해주고 싶고
하나라도 더 이어받고 싶은

우리들의 이야기
늘 전해지던 이야기여도
늘 새롭고 설레임타게 해주던 이야기여서
감동도 하고 아픔도 먹던

따뜻함이 숨 쉬던
이 땅이

어느새
불의한 것에 억눌리어
그 억눌리게 한 자의 포로가 되고
죄에 갇히고 위선에 빠져
마음이 오염되고
사모함이 사라지고
인격과 품격과 안목이 거칠어지고
무례히 행하고
나태와 쾌락에 빠지는
그런 나라가 되어
아픈 기억으로 다시 소환해본다

2.
내가 앞에 가야하고
내가 중심이 되어야 하지요

내가 남보다 더 드러나야 하고
내가 남보다 특별하게 보여야 하지요
내가 뽐낼 수 있어야 하니
내 유익이 행동의 기준이 되어야 하지요

내 형편에 헌신, 합심은 언감생심이고
징징거리면 부모도 사회도 다 해준다고 하니
금 찾으러 산에 가고
진주 거두려고 바다에 갈 필요 없지요

남 하는 일 그냥 무관심해도
나 자신은 그냥 어영무영해도
배부르게 해주고 등 따뜻하게 해준다고 하니
설사 밖은 어둠의 땅이 돼가도
내 주위는 항상 빛나는 함성이지요

꼰대는 가라
꼰대처럼 하지 마라

꼰대처럼 간섭하지 말라

사실 꼰대짓이 무엇인지 잘 모르지요
나만 있고 우리만 있는 우리들의 별난 세상이 되었지요
우리 세대만 있고 우리만 왕이 되어야 하는
우린 그렇게 특별한 세대가 되었지요
지금의 우리가 중요하니
부모도 전통도 미래도 섭섭해할 일 아니지요
세대 간에 그렇게 단절돼 간다고 해도 어쩔 수 없지요

지역으로
진영으로 갈려
내 편만 보고 내 편만 옳고
진리에 공의에 눈을 가리니
말이 화살이 되어
상대의 가슴을 후벼파도
나 몰라라 하지요

이때는
위로보다는 혐오가 약이라
그 혐오를 무기 삼아
죽어가는 영혼 앞에서도 춤추는 약장사들이 있지요

그 장사꾼의 굿판이 어찌 그리 흥겨운지요
그 굿판에 끼니 어찌 그리 편안한지요
대적의 원수들은 잠잠해지고
내 권능이 빛을 발하니
세상의 영광이 하늘을 덮었나이다

그 영광의 길 넓고 광활할진대
내 꿈 내 소망 내 영혼을 따져 무엇하리오
도덕과 염치와 존중과 배려를 따져 무엇하리오
그 길에 선 우리를 내 편이 돌봐주고 베풀어주거늘
내 편을 위해 맹목의 폭력자, 포퓰리스트가 된들
칭찬받을 일이지
무슨 염치없음이고 아픔이고 슬픔이 되리오

3.
의인, 위인, 성인은 간 곳 없고 죄인만 있는 나라
그래 늘 부족함이 함께하지요
그 결핍은 다 그 죄인들 탓이라고 하네요
그 결핍은 모두 보상받을 수 있다고 하네요
내가 보상받지 못하면 어쩌나 하는
염치없는 절박함에 빠져도
걱정하지 말라고 하네요
자기들이 다 해주겠다고 하니
참 좋은 세상이 되었네요

아이가 짐이고 결혼이 짐이라고 하니
아이들 있어야 할 자리에 강아지 유모차만 즐비하고
부모들 있어야 할 자리에 빈 수레만 요란하네요
실제 하는 일은 별로면서 저마다 힘들다고 아우성치니
별천지가 따로 없네요

무례와 혐오 가득하고

밥그릇 챙기기에만 혈안이고
서로가 서로를 존중하지 않고
공화의 정신을 망각한 선동정치가 판을 치고
오늘만 있고 내일은 없는 것처럼 호들갑 떨고
천박한 포퓰리즘의 달콤함에서 헤어나지 못하고
네 편 내 편으로 기준과 가치를 달리하고
절제하지 못하고 싸움만 하고
빛보다 어둠을 사랑하는
이 땅은 황무지라

무지에서 일까 악의에서일까
아직 다가오지 않은 미래를 지금 두려워하는
아직 오지 않은 아픔, 힘듦을 지레짐작 피하려고만 하는
시작하기도 전에 실패를 예견하려고 하는
욕구 지연을 감내하지 못하고
당장 쾌락의 유혹에서 벗어나지 못해

엘도라도의 금맥을 뒤지고

확률 백만분의 일의 잭판에 올인하는
그 뒤틀린 환상에 빠져

생명의 숨소리 듣지 못하고
그 신비한 미소 보지 못하고
원초의 사랑, 본래적 기쁨 경험하지 못하고
모성, 부성의 그 절대적 소명마저 던져 버리니

땅은 저주를 받고
인간은 회개할 줄 모르니
고난 겪은 것이 오히려 유익이라

평생에 수고하여야
그 소산을 먹을 수 있음에

어찌 힘들이지 않고 번거롭지 않고
배부름을 구하랴

이 땅에 생명 창조의 은혜 축복이
임하지 아니함을 탓하지 마라

땅은 황무지여도
삶을 바꾸지 않고 용서만 구함은
고백 없이 세례받으려는 것과 같으니

윤리와 가치와 도덕은 팽개치고
희생 없이 과실만 구하는 것과 같으니

저주받은 땅
내 탓임을 먼저 고백하고
네 유익을 구하라

| 6부 |
가족의 뜰에 서서

조상의 강이 에워싼 가족의 울타리에 서면
언제나 기댈 수 있는 반석 같은 언덕이 있고
언제나 옹알거릴 수 있는 속 깊은
어머니 밥상이 있고

겹겹이 애환과 향수가 어려있고
꽃냄새 진한 향이 배어있는 평온이 있고

그래서 그곳에는

운명처럼 필연처럼
우리의 가슴을 뜨겁게 하는
원초의 사랑이 춤추고

위로받고
위로해주고 싶어
카타르시스가 흘러넘치는

마음을 다독여주는
그 정갈한 풍경 속 큰 울타리가 되어

언제나 갇혀 지내고 싶다

엘라야 너는

엘라야 너는

경이롭고 비현실적이고 초월적인
눈보라야

눈보라 몰아치는 폭풍설 속 어둠 헤치는
한 줄기 불빛이야

눈부신 불볕 속 빛의 향연 타고
내려온 미소 천사야

엘라야 너는

거친 뇌성이고 비바람이고 아우성이야

하나님의 그 큰 역사가 그렇게
만들어진 거야

그래 네 앞에만 서면 그 큰 경외 앞에
헤어날 수 없는 거야

엘라야 너는

그렇게 소중한 사랑덩어리야
그렇게 큰 은혜덩어리야

눈보라처럼 불빛처럼 쏟아부어진
하나님의 영롱한 손길이야

엄마, 아빠, 오빠들을
하나님의 축복 속에 가두는
사랑의 자물쇠야

에덴 속 이든

'찡글벨 찡글벨' 덜 터진 네 입술
'엉클 좌슈와' 실룩거리는 서툰 네 입 모양
하! 하! 폭포가 두 조각날 것 같은 땡그렁 소리에
태고의 세계에 눈 돌린다

손을 들었다 놨다
팔을 비틀고 넘어지고 나뒹구는
너의 막춤에
순수의 세계에 몸담근다

야훼의 손이 빚은
그 눈동자 그 입술에 빠져
그리움으로 절박함으로
창밖에 기대
먼 산 바라보며

이제 그 동산 벗어나려나
엄마의 바이올린 소리가 궁금해

어쭙잖게 모양내며 따라 하는 네 모습에
아직은 위안을 찾을 수 있을 것 같아

거짓과 진실이
뒤죽박죽 섞여 있는
이 세계가 싫어
에덴의 울타리 속에서
손 흔드는
내 가슴속, 네 그림자 쫓아
너의 두 눈동자 속으로 뛰어든다

울 진영이

울 진영이 눈동자에는 슬픔이 고여있어
세상이 이해하지 못할 때 느끼는
답답함이 있는 것 같아

세상이 너를 못 따라오니
일반인의 눈높이 위에 있으니
누군가가 너를 헤아려주지 못 해줄 것 같으니

천재가 알을 깨고 나오니
가슴에 큰 파도가 밀려와
이리 엉키고 저리 엉켜
갈 방향을 놓쳐버릴 것 같은

그래 울 진영이 생각하면
그 이유 생각하기 전에
왠지 먼저
눈가가 촉촉해지는 느낌이 들어
네 속이 너무 꽉 차 있어

넘쳐버리면 어쩔가 하는
불안함 때문이야

네 미세한 감각이 혹여 상처받지 않을까
네 따스한 숨결이 혹여 방해받지 않을까
레몬 한 방울 떨어져도 기겁할 것 같은
조마조마함이 있어

그 많은 끼와 재능을 담아내지 못하면 어쩔까
네가 보는 세상과 세상이 보는 너 사이에
틈새가 더 벌어지면 어쩔까
세상이 보내는 사랑과 환호를 뒤로하고
너무 고독한 평범함 속으로 달아나버리면 어쩔까
하는 염려가 있어

이제 추억의 사진이 된
파리바켓트 앞
목의자에 앉아

아이스크림 먹는 네 모습에
이 할배 사정없이 빨려 들어가

하얀 솜사탕처럼 휘날리며
눈비 퍼레이드가 되어
살며시 얼굴 마시지 받던
그때의
중앙로 벚꽃길 함께 걷던
그 추억들 되살아나

세월을 뛰어넘지 말고
잠시 멈추어
세상에 맞춰보길

시냇물 졸졸 흐르고 새들 지저귀는
맑은 도랑물 소리 들으며
이든이 엘라와
서로 밀치고 엉키는

그 알콩달콩한 모습들 많이 만들어 보길

그 후 한참 지나
이젠

역동하면서 견디고 조화되고
너만의 세상 만들어가는
그 흔들리지 않을
네 모습 그려보면서

그래
그땐

바람 불고 비가 와도
먹구름 속 폭풍 일고 파도 밀려와도
반석 같은 네 울타리가
우리의 기둥이 되고
우리의 소망이 될 거야

우리 행복이

레브라도 리트리버
콜로라도와 무슨 인연이?
스페인이 고향 같기도 하고
11년 전 너와의 만남 시작되었지
그동안 너와의 동행이
주마등처럼 파노라마가 되어
내 가슴을 적신다

압구정 집 옥상 작은 정원에서
한강길 따라 드넓게 펼쳐진 잠실까지
매봉산으로 양재천으로
강남대로 따라
그리고 한참 지나
형 따라 방배동으로
이젠 반포동 자이아파트로
함께한 그간의 추억들

가파른 산허리 펄펄 뛰던 그 발걸음이

달리다 지치면 길가 풀섶에 주저앉아
잠시 눈 붙이면 금방 일어나던 네가

엊그제였는데

이젠 네 숨 가빠하는 기운이 읽혀질 때
목줄을 통해 네 힘들어함이 손끝에 전해질 때
그게 삶의 섭리인가 하면서도
큰 아픔과 안타까움으로 다가온다

너 때문에
하루 세 번
바깥나들이 하지

눈 마주치며 같이 나가달라고 조르는 너의 간청에
네 일정에 맞춰야 하고
조금 늦을 것 같으면 마음이 급해지고
안절부절 뛰어와야 하고
그래 화도 내고 불평도 하지

밖에 나가기만 하면
네 세상을 만난 듯
길섶에 늘어진 풀들 사이로 이마 들이대고
돌무더기에 코 비비고
친구들이 보이면 짖어대고 쫓아가고
서로 엉키고 입맞춤함에 몰입하는 너
그게 너의 원초적 본능이고 원초적 이끌림인데
우리 방식으로 널 가두고
우리 편한 대로 널 길들이려고만 했으니
그렇게 너를 너답지 않게 하려 했으니
얼마나 답답하고 원망스러웠을까

적다고 투정하지 않고
주는 대로 받아들이고
남과 비교하거나 시샘하지 않는 너

너와 달리 우리 인간들은
자기 기대와 다르다고 불평하고
게으르면서도 더 달라하고
남의 것 탐하고
위로받지 못한다고 맘에 안 찬다고
우울해하고 몽니 부리지

오늘도
행복이가
사랑이 그리운지
몸짓하며 오라고 외쳐댄다
너의 간절한 그 표정에
어찌 무너지지 않을 수 있는가

그래 다가가
쓰다듬고
콧등 비비고
목덜미 톡톡 치고
기분 내키면 네 허리를 베개 삼아
잠시 누워보지
가슴에 전해지는 네 따뜻한 온기를 느끼며
너와 하나 됨을 너의 사랑 받음을 느끼지

사랑은 그런 거야
관심이고 함께함이고
쓰다듬어줌이고 만져줌이지

침묵이 아니라 외쳐댐이고
상대를 향한 적극적인 몸짓이고
속 깊은 마음 씀씀이지

내 부족한 그 마음 씀씀이를 그 표현을

너는 일상에서 늘 한결같은 모습으로
드러내 주고 보여주고 실천해주고 있지

그 놀라운 사랑의 은혜에 눈뜨며
그 작은 영혼 속 숨소리에 귀 기울이며
네 작은 외침에 침묵으로 무시하지 않겠다고
다짐하며 마음을 열며
네 작은 눈동자에 입 맞춘다

혜화동 가는 길

1.
반포에서 한강을 지나
약수동 고개를 넘어
동대문을 옆으로 하고
대학로에 들어서면
왼쪽 작은 언덕바지에
붉고 흰색이 각칠된 성 같은 건물을
마주하게 되고

좁은 언덕길을 향해
길게 늘어선 차량이
파도처럼 빨려 들어간다

주차장에 닿기까지는
왜 그리 복잡한지
미로 같은 주차장을 나와
이리저리 길을 오르내리고
드디어 당도한 번호표 행렬

스크린에 비친 번호순서를 기다리며
호명의 순간까지 정결한 마음 지키며
그들의 이끎에 전적인 의지함으로
한 마디 한 마디 놓치지 않고
하늘처럼 받든다

그렇게 혜화동으로 가는 길은

간절함의 끈에 매달려
잠시 교만함을 멈추고
감춰진 순결을 드러내고
빛바랜 절제의 실력을 발휘해

순종하는 길이고
낮춤의 길이고
기다림의 길이고
인내와 질서의 길이어서

늘어져도 길어져도
순한 양이 되어
불평하지 않는다

2.
처음엔 당황하고 아픔으로 다가왔지만
처음엔 웬 날벼락인가 했지만
처음엔 왜 우리에게만 이런 일이 했지만

혜화동 길에서 마주친 얼굴들 보며

우리만의 날벼락이고 아픔이고 당황이 아님을
그냥 일반인들이
보통 삶에서 겪는 아픔임을
깨달았지요

처음엔 가슴에 큰 구멍이 뚫려있는 것처럼
처음엔 앞길이 천 길인 것처럼

처음엔 세상이 온통 잿빛인 것처럼

그러나 혜화동 길에서 마주친 얼굴들 보며

호들갑들 떨 일 아님을
낙담할 일 아님을
문제없다고 자만할 일도 아님을
알게 되었지요

어디 흠 없는 몸이 있나요
어디 불안, 초조 없는 마음 있나요

양탄자에 일부러 조금의 흠을 남겨
신이 아닌 흠 있는 인간의 작품임을
보여주려고 했던
페르시안 장인들의 겸손함을 생각하게 되지요

그렇게 아내의 혜화동 길을 동행하며

그간 살갑게 대하지 못하고
늘 무뚝뚝하고 내색하지 않는
그런 흠 많은 남편이었지만

아프지 않았으면
묻힐 뻔했던
잃어버릴 뻔했던
그 길 찾아가고 있지요

석 달에 한 번 가던 그 길
이젠 여섯 달에 한 번
그마저 해방되면
그 길 잃어버리면 어쩔까 하는
작은 걱정도 있지요

마음에 흠 많은 남편이
긴긴 아픔 잘 견뎌온 아내에게
빚짐의 무게가 점점 커져

여기서 무너지면 안 된다는 생각에
어렵게 찾은 그 길
잊지 않고
일탈하지 않고
넘어지지 않을 거라 다짐하지요

| 7부 |
그리움의 날개 위에

작은 물결 위에 흔들리는 조각배 되어
잔잔한 내면의 파도를 휘돌며
마구 가슴을 흔들어 대는

그리움이여!

초저녁 달빛 고요한 숲길을 걷는
나그네의 발걸음 소리가 되어

단풍나무잎 숲을 향해 다급하게 달려가는
방랑자의 속마음 되어

북풍한설에 곧 날아가 버릴 것 같은
그리움이여!

놓치기 쉬운 바람 소리여서
고요하게 다가오는 숨소리여서

사무치게 떠나버릴 것 같은
그리움이여!

무거운 고요함 속에
눈 내린 정전의 앞마당 눈발처럼

터져 날라 폭풍이 될 것 같은
그리움이여!

바람 부는 날이면

바람 부는 날이면
왠지 가슴이 시려

사모함이 울림이 되어
귓가에 메아리쳐

사무침이
가슴을 때리고
소용돌이가 되고
휘몰아치다 폭발하지

겨울의 스산한 바람에
온몸에 소름이 돋고

봄날의 따스한 바람에
내 마음은 요동치지

내 마음 그대여!
알 수 없는 그대 마음이여!

흔들리는 바람이여!
속절없는 세월이여!

지나간 날은 너무 허망하고
남은 내 날은 날 멀리하리니

추억의 그늘아래
그리움의 파도에 기대어
창가에 비친 쪽빛 구름 바라보며

흘러가는 구름 속에
슬프게 지워지지 않게

스쳐 간 수많은 인연들
함께한 추억들
꼭 끌어안으리라
꼭 부여잡으리라

운명은 내게 인내할 용기를 주었으니
흔들리는 바람 타고
오지의 광야로
날아가리라

고난을 넘어 환희로

운명이란 이런 건가

고통에서 환희로
환희에서 절망으로
절망에서 열정으로
열정에서 엄숙함으로
엄숙함에서 강렬함으로

그 고통은 누구와도 나눌 수 없는
그이기에 감당할 수 있는
그만의 고통이었지요

그 슬픔은 참담하도록 슬프고
더 할 수 없는 슬픔이었지만
결연한 슬픔이었고
운명적 슬픔이었지요

문을 두드리는

운명의 소리에 귀 기울이고
그에 순명하여

아픔의 한 가운데에서도
불같은 강렬함으로 무장하고

비참함의 끝에서도
기품과 절제의 꽃을 피웠던

그의 삶은

차창 밖 만추의 풍경처럼
감동이고 놀라움 그 자체에요

들을 때마다 눈물이 나요
슬프지만 아름답고 따뜻해요

절망의 한 가운데에서

희망의 닻을 내려줘요

아픈 시련 속에서도
고요와 우수와 평안이 함께 해요

고요한 숲속에서도
우렁찬 합창이 되게 해요

슬퍼하지 않고
당당하게 맞서나가게 해요

오직 신의 부름에 따라
곡은 쓴 베토벤
신이 선물한 고귀한 희열에 감격한 베토벤

시련은 있었지만
절대로 포기하지 않았지요

가장 힘든 순간에
"오 친구여!
더욱 즐겁고 희망찬 노래 부르자"

가장 절망의 순간을
가장 환희의 순간으로 바꾸었지요

운명과의 싸움에서 승리해
승리의 함성을 내어 지르지요

그렇게 멈출 수 없었던 그의 꿈은
지금 어디에서 잠들고 있나요

안락함과 나태함 던져버리고
인고의 가시밭길을 선택한 삶

우리 모두를 위해
그의 모두를 내준 그 삶은

고독과 열정과 운명이 만들어낸
구원의 음악이지요

운명의 높은 벽을 뛰어넘는
영원한 그리움이지요.

그래서 그의 부르짖음은
조용히 다가와 속삭여도
늘 폭풍의 언덕이지요

세상의 모든 것들이
주위의 모든 것들이
은혜와 축복이 되게 해 주지요

그 노래의 날개 위에
환희와 감격을 싣고
감사하며 기도하며
눈물로 그리워할 거예요

친구야

너와 마지막일 것 같은 그땐 두려웠지
너와 마지막일 것 같은 그땐 막막했지

오랜만에 불러보는 친구야
벌써 까마득한 옛날이 되었구나

어깨를 서로 기대고 비비면서
산을 오르고 강가를 거닐고
물가를 헤치던

삶을 논하고
사랑을 논하고
세상을 논하던

그 함께 했던 때가
서럽도록 그립구나

오랜만에 불러보는 친구야

지평선에 커다란 그림자가 되어 다가오는 친구야

때론 사소한 일로 삐지고
서운해하고
다투고
멀어졌어도

아아, 그 모든 것이
사랑이고 우정 때문이었음을 깨닫노라

병상에서의 우리 대면이 마지막임을 직감했던 너
애써 내색하지 않고 여유를 부리던 너
아파도 아프지 않은 척
농담 던지고 화제를 돌리던 너
속으론 울며
그 속울음 억지웃음으로 넘기던 너

아픔도 슬픔도 속으로 삭이고
겉으론 태연한 척하고 싶었던 너
한 가닥 자존심 지키고 싶었던 너

삶에 대한 희망과 집념을
끝까지 움켜쥐었던 너

그래서 세속의 욕심쟁이들이
포기하고 내려놓으라고 할 때
매몰차게 거절했던 너

그건 너의 피 끓는 아우성이었지
가냘픈 그러나 치열한 몸부림이었지

맞아, 어떻게 포기해
비록 시간이 재촉하고 재촉해도

꿈은 잃지 않아야지
찬란함은 언제나 간직해야지

우리의 기다림의 시간이 아픔이어도
미래를 향한 다짐의 시간이 되기를

그 기다림 속에서
함께 한 추억들과 좋은 기억들 기억하며

세상이 나에게 문을 닫을 때
이 땅에서의 삶을 그리워하며
함께 나누리라

잊혀진 세월

마음이 무거울 때
마음이 막막할 때

당신의 이름 불러봅니다
그 이름, 그리운 아버지여!

그리움보다는 차라리 서러움이었지요
간절함보다는 차라리 억울함이었지요

내가 세상의 빛을 본 날 우린 헤어졌지요
그 헤어짐의 세월이 내 나이지요

나에겐 영원히 잊혀진 세월로 남아있지요

보지 못한 얼굴이어서 더 그립습니다
부르지 못한 아버지여서 더 부르고 싶습니다

아! 불러도 대답 없는 그 이름이여!

아! 불러도 볼 수 없는 그 이름이여!

허공을 떠도는 그 이름이여!
속으로만 불러보는 그 이름이여!

꿈속에서도 보이지 않는 그 이름이여!
그러나 지워지지 않는 그 이름이여!

마음속 흔적은 달처럼 차나
운명의 그늘은 날 휘감았지요

빛바랜 사진 한 장이 너무 서러워
단절이고 절망이고 통절이었지요

내가 홀로 있음이 외로워서
눈물이 빗물처럼 흘러내릴 때

당신도 홀로 있지 못해

구천에서 이승을 내려다보며
빗물을 뿌렸지요

흘린 그 물자국이
높은 산이 되고 거친 들이 되었지요

세월은 잊혀져도
그 추억과 그 다짐은 쌓여

내 삶의 기둥이 되고
길이 되었지요

그 길을 지킴이 점점 어려워지니
볼 수 없는 당신의 얼굴 더 그리워집니다

그리움만 쌓여가네

봄이 와서 봄 내음 맡으려나 했는데
봄날은 이미 지나갔네

꽃잎에 꽃망울 터트리나 했는데
꽃잎은 이미 져버렸네

청춘의 봄 노래하자 했는데
청춘은 이미 시들었네

푸르던 잎 단풍 들어 곱게 곱게 물드나 했는데
그 잎새 세월 타고 이미 가버렸네

아! 아!

꽃이 지고
봄이 가고
세월 가고

다시 돌아가고 싶어도
다시 만나고 싶어도

갈 수 없고
만날 수 없는

지나가 버린 세월은
다가갈 수 없는 환상인가

아! 아!

설움에 겨워 다시 붙잡고 싶어라
설움에 겨워 다시 안기고 싶어라

그 세월 속 바람 타고
내 인생 눈 녹듯 사라지려나
구름처럼 떠나가려나

그래도

간직할 건 간직해야지
남길 건 남겨야지

그 시절이 너무 그리워
봄가을 가고
낙엽 지면

세월 따라
꿈도 따라
그리움 쌓여가리라

고향에 가고파라

고향에 가고파라
갈 수 없는 그곳에 가고파라
고향은 고향인데 옛고향이 아니더라

도시의 속도에 맞춰 살아가다 지쳐

힘들 때
우울할 때
어두울 때

내 고향은

어머니의 품이었고
안방 아랫목의 따뜻한 이불속이었고
날 일으켜 세우시던 할머니의 가냘픈 손이었노라

그때의 그 인정 어디 가고
그때의 그 아늑함 어디 가고

그때의 그 포근함 어디 갔느냐

고향 산천 떠도는 파랑새야

언제까지 방황하고
언제까지 그리움에 울고
언제까지 갈 곳 몰라 헤메일거냐

햇살이 앞마당까지 번지고
민들레가 뒤뜰에서 기지개를 켜던

새벽 닭 울음소리에
아침 황소 하품 소리에

하루를 시작하던
옛고향 산천

멀리멀리

산 너머 너머에 있을

지금은 갈 수 없는
그리운 고향
마음속 추억의 고향에
가고파라

라비앙로즈

사랑에 굶주렸던
죽을 만큼 행복해지고 싶어 했던

'에디트 피아프'
슬프고 가련하게 들려요

그래서 지워지지 않아요
긴 여운으로 다가와요

헤어질 운명 속 여인이라서
사랑 찾아 헤맬 방랑자라서

'라비앙로즈'
장밋빛 인생을 꿈꿨지요

'나를 위해 그가 있고
그를 위해 내가 있다'라던
그게 인생이라던

그렇게 사랑하는 자에게
모든 것이 되고자 했던
아낌없이 주고자 했던

그 사랑에는

한 톨의 먼지도 끼어있지 않지요
수정보다 더 맑지요

짧은 삶
힘들었던 삶
수많은 사연을 남기고 간 삶

노래가 되어 애절하게 떨며 다가오지요
하늘에서 떨어지는 별빛이지요

지구 끝 저에게까지
파도치고 울림이 되어 다가오지요

그 사랑 따라
그 운명 따라

'푸른 하늘이 우릴 위해 무너져도
난 아무것도 후회하지 않아요' 하던

그렇게
삶의 순간순간을 불꽃처럼 태우다 간

당신은

후회 없이
마음의 님을 따라
눈물 어린 당신의 길을 갔지만
꿈으로 이어진 사랑은

영원한 만남일 거예요
영원히 시들지 않는 장미꽃일 거예요

꿈속에서 그려보는

언덕배기 스머프 마을 동쪽 끝으로
길게 늘어선 산자락 위로
붉게 타오르는 일출의 그림자 위로
그리움의 향기가 하늘에 닿으니

아! 아! 세월은 찬란하게 빛나니
함성이고 합창이고
꿈이고 환상이어라

가는 세월 어찌하랴
머물지 않는 세월 탓할소냐
지난 세월 다시 오지 않으니
설움도 아름다운 것
아픔도 고귀한 것
비바람도 따스한 것

오월 소년의 파릇파릇함은
유월 여인의 농염함은

세월 속에 묻어버렸지만
그리움으로 다가오는 그 모습
영원한 꽃이고 빛이어라
꿈속에 맺힌 보석이어라

낙심도 슬픔도
아련한 추억이 될 줄이야
봄 내음 가득한 향기가 될 줄이야

연분홍 꽃바람 흩날리던
뒷동산에 올라
나물 캐고
피리 불던
그때 그 시절 그리워

추운 겨울날
얼음 바람 맞으며
꼬리연 싸움하던

그때 그 시절 그리워

꿈속에 그려보는 그리움이어라
꿈속에 그려보는 간절함이어라

막막할 때
어디가 어딧쯤일지 모를 때
그리움 찾아 쉼과 여유를 구하리라

이루지 못했을 때
다가갈 수 없을 때
목전에서 포기할 수밖에 없을 때
그리움 찾아 아쉬움 달래리라

아무도 얘기하지 않는 곳이어도
아무도 찾지 않는 곳이어도
그 향기로 덮어지게 하소서
그 향기로 물들이게 하소서

이제 겨울 가면 봄이 오고
또 겨울 가면 봄이 오는
그 기약은
다시 볼 수 없는
세상 저편의 일이 되었지만

그리움의 향기가
노을빛 물드는 자연의 향기와
하나 되니
꿈속에서 그려보는
따스한 봄날이어라

세월 가면

세월 가면 잊혀질까 했는데
청춘의 미련 떠나지 않네

세월 가도 영원할 줄 알았는데
허전함만 쌓여가네

세월 가면 무심할 줄 알았는데
열화에 잠 못 이루는 밤 깊어가네

그리움에 그대 이름 외쳐보나
조급함만 커지고 기다릴 힘이 없네

쫓기듯 서둘러 온 지난 시절
이룬 것은 보이지 않고 몸부림만 남아있네

내 작은 힘 세상에 보탬이 되고 싶어도
정작 찾는 이 없으니 서러워라

꽃은 져도 다시 피나
시든 청춘은 다시 오지 않으니

신록이 저토록 열기를 내뿜어도
그건 내겐 그냥 전설일 뿐

그래도 지난 삶의 여운과 미련은 여전하니
운명의 문이 다가올 그때를 위해 고이 간직하리라

그날이 예고 없이 서럽게 다가와도
누린 삶에 위로받고 마음 든든히 하리라

| 8부 |
돌아보며 바라보며

욕망과 고통의 소용돌이 속에서도
기쁨과 의미의 삶은 변치 않으니
절망의 굴레에 갇혀 있을지라도
출구는 저 멀리 구름 위에 있지 않고
내 안의 작은 일상에 있으니

망각의 강물을 마시고
추억의 빛으로 비춰보면

별이 있고
바다가 있고
나무가 있고
물소리 잠재우는 숲이 있고
기쁜 잠 깨고 기지개 켜는 다람쥐가 있어

석양의 무게를 더하지 않아도
사소함에 흔들리지 않는
천년의 여로가
바다 수평선 위의 흰 구름처럼
펼쳐져 있으니

어둠을 넘어 빛으로
절망을 넘어 희망으로
돌아보며 바라보리라

멈추고 돌아보니

돌아보니

온통 투정뿐이었지요
욕심꾸러기였지요
망상 가득한 세월이었지요
알 수 없는 몸부림이었지요

많이 용서할걸
많이 감사할걸
많이 양보할걸
많이 사랑할걸
많이 즐길걸

그렇지 못했네요

더 참을걸
더 들을걸
더 기다릴걸

더 칭찬할걸

하지 못했네요

더 쉬어갈걸
더 내려놓을 것
더 무심할걸

그렇지 못했네요

남의 말에 쉽게 휘둘렸지요
나보다 너다움에 이끌렸지요
남의 이미지에 솔깃했지요

흐르는 시간이 약인가요

산들바람에 고요함이 더 하네요
석양의 금빛 노을에 그리움 쌓여가네요

시냇물 조곤조곤 소리에 귀 기울여지네요
가을밤 달빛에 핀 억새풀에 눈길 가네요

송아지 눈망울의 그 순수함은
태초의 모습이 살아있기 때문이지요

바위산의 그 당당함은
하늘을 이고 서 있기 때문이지요

바오밥 나무의 그 고고함은
천년을 버틴 연륜이 쌓여 있기 때문이지요

고요함 속에서 비춰지는
나의 실존적 존재가 무게를 더 하네요

이젠 다짐해야지요

안달하지 않겠다고

움켜쥐지 않겠다고
아등바등하지 않겠다고

화려하지 않았어도 후회하지 않을 거예요
그 자리에 젊은 날의 추억을 담을래요

쌓아놓은 것 없어도 아쉬워하지 않을래요
그 자리에 멈추지 않을 열정을 채울래요

숨이 턱까지 차오르고
다리가 돌덩이처럼 무거워져도

덧없는 인생이었다고
운이 비켜 간 인생이었다고
세상 거스른 인생이었다고
후회하거나 부끄러워하지 않을래요

태양은 다시 떠오른다

1.
빛은 비켜 가지 않는다
자신을 가리지도 않는다
누구를 차별하지도 않는다
모두에게 똑바로 비춰준다

빛은 자나 깨나 비춘다
빛에 의해 숨겨진 것은 드러나고
빛에 의해 가려진 것은 벗겨진다

빛이 비치면 싹이 트고
싹이 줄기가 되고
거기서 알곡이 맺히고
농부는 추수한다

빛은 똑바로 비치건만
거리와 지구의 자전 각도에 따라
사계절을 만들고

자연을 화려하게 치장해준다

빛은 일정한 속도로 비치건만
카메라의 앵글에 따라
노출의 속도에 따라
각기 다른 수많은 피사체를 만들어 낸다

빛이 구름에 가리면 희미하게 보이지만
빛의 밝기나 세기가 줄어드는 것은 아니다
구름이 일시적으로는 가릴 수 있어도
계속 가릴 수는 없다
구름 위에 올라가면 빛은
본래의 모습 그대로다

2.
우리를 그 빛의 세계로 초대하기 위해
태양은 다시 떠오른다

바람이 차가워져
새벽 냉기에 움츠러들까 걱정이 되어
태양은 다시 떠오른다

오후에 오므라들었다가 저녁에 진 나팔꽃이
아침에 다시 피어나도록
태양은 다시 떠오른다

봉천동 산꼭대기 할머니 집 부엌
추운 밤 녹이느라고 연탄이 떨어질까 걱정이 되어
태양은 다시 떠오른다

낮과 밤이 갈라지고
육지와 바다가 나누어지고

하늘과 땅이 분리되어
생명체가 조화롭게 공존하도록
태양은 다시 떠오른다

어둠이 지나면 밝음이 오고
고난이 있으면 평안함도 옴을
알려주기 위해
태양은 다시 떠오른다

길 잃고 방황하는 젊은 세대에게
어둠 속 길 헤매지 않도록
태양은 다시 떠오른다

그날이 반드시 오는 것을 알려주기 위해
태양은 다시 떠오른다

3.
그 태양이 저녁노을 속으로

우리의 기억과 함께 사라지면
거리의 가로등 불빛 빛나고
포장마차 끄는 손길 바빠진다

어둠이 더 짙어지면
달콤한 탱고 음악 소리에 맞춰
선남선녀 부둥켜안고
밤의 열기 속으로 빠져들고
부산하고 번잡한 밤거리가 좋아
이 순간이 영원할 듯 취해
나를 잊은 우리의 파티가 가득하다가도

하늘을 찌를 듯 우뚝 솟은 빌딩에서
토해내는 수많은 삶의 찌꺼기들
산처럼 쌓여 있는 새벽 배송 물건들
이리저리 늘어서 있는 택시와 버스 행렬들
태양이 다시 떠오를 새벽 동틀 시간이 다가옴에
마음은 천 길이 된다

어둠의 고요함이 사라진 그 땅에
태양은 다시 떠오른다

어둠에 취해 태양을 등지고
어둠 속으로 빠져들고 싶어도
태양이 다시 떠오를 것을 알기에
이내 분수를 지키고
일상의 삶으로 돌아간다

그 눈부신 태양 빛은
절대 멈추지 않고
지금까지처럼 언제까지나
우리를 위해 항해해 갈 것을 알기에
우리의 꿈은 늘 소망이 된다

빛으로의 시간여행의 끝에
우리의 원형이 숨어있음을
헤아려보지만

한순간 걸어 다니는 그림자일 뿐인
티끌 같은 인생이지만
그 태양 아래 있음만으로도
우리 함께 하는 삶은
순부신 함성이어라

봄날의 산책

시간이 키운
나지막한 산길과 옹기종기 마을들
촉촉한 산기슭에 자리하여
정겨운 삶의 추억 속에 잠겨있다

구불구불 이어진 길들이
면면히 이어진 삶의 조각들이
봄날의 따사함이
겨울을 견디어온 내 마음을 열어
짙은 향내가 되어
걸음을 멈추게 한다

지워 없애지 않고
마주하리라

비탈진 언덕길
얼굴을 맞댄 네 집 내 집들이
개발이라는 이름으로 허물어지고

수직의 건물들로 빽빽해지니

그래서 이야기도 옛 모습도
한꺼번에 사라지려 하지만
세월은 가도 옛날은 남는 것
산바람과 새소리가 온산에 가득하던

그 정겨움과 그리움들은
물속에 잠긴 추억들이어서
괜스레 외로운 날이면
물안개 피는 아지랑이처럼 피어 나와
아이들 노랫소리에 어울려
바람 따라 춤추니

그 푸른 물빛
마음에 담아
정겨운 추억이 되고
아름다운 노래가 되어라

고도를 기다리며

고도에 가서 조용히 생각하고 싶다

고단했던 행보 멈추고
지난 세월 돌아보고
생각으로 나를 지키고 바라보고 싶다

누굴 의식하지 않아
누굴 핑계 대거나 탓하지 않아
누구의 꾐에 넘어가거나 시험당하지 않아

산자락 사이로 흐르는 고요함 맛보고 싶다
수평선 넘어 먼 하늘의 잔잔함 맛보고 싶다

바람 타고 오는 바다향기 진하게 맡아보고 싶다
들꽃의 포근함에 안겨보고 싶다

이유 없는 눈물 흘려보고 싶다
이유 없는 동정과 연민 느껴보고 싶다

나의 진지한 몰두에 빠져보고 싶다
나의 진지한 인내에 빠져보고 싶다

남에게 부대끼지 않는 내 속마음 보고 싶다
오염되지 않은 그 속마음으로 세상 바라보고 싶다

고독한 인간의

자유로운 삶에 대한 갈망이
더 나은 내일을 향한 몸부림이

늙어가는 것에 대한 두려움이
세상의 만남에 대해 역겨움이

세상에서 보던 것과 어떻게 다른지 느껴보고 싶다
방해받지 않고 과하지 않게 느껴보고 싶다

나무와 들풀이 널려 있는 그곳에서

원시 자연의 질서와 힘을 느껴보고 싶다

허허벌판 막힘이 없는 그곳에서
햇빛과 바람이 빚어낸 순결함과 장엄함을 느껴보고 싶다

방황하고 저항하고 요동쳤던 지난 시절 돌아보며

사람 발길 보이지 않는 그곳에서
마음의 평화와 쉼, 고독한 삶 만끽하고 싶다

사람 발길 보이지 않는 그곳에서
창조주의 사랑과 우수 느껴보고 싶다

사람 발길 보이지 않는 그곳에서
세상을 바라보는 순수의 창 열어보고 싶다

고독이 불꽃이 되어

원색의 푸른 하늘
보라색 라벤더
소용돌이 밀밭
이글거리는 태양

삶의 갈림길에서 방황했지
외롭고 고독한 땅에서 헤맸지
태풍 속 회오리로 달려 나갔지

고달픈 삶이 숙명이었어도
이 땅의 인연은 너무 박했지

고독이 영혼의 바람이 되어
고독이 불꽃이 되어
터져버리고
우리의 추억에
수많은 상처를 남기고 떠나버렸지

광부들의 투박한 모습에 끌려
지중해의 따뜻한 봄바람 타고
솜사탕처럼 꽃피는 나무와 그림자 위에 앉아
노란 꽃으로 빛나는 태양을 사모하며
위로받고 함께하고 싶었지

불같은 열정도 열화도
외로움에 대한 두려움을 이길 수 없었지

운명은 마지막까지 가혹했지만
'생나자르역'에서 '아를'로 가는 창밖은
환한 빛이었고
꽃으로 변한 태양이었고
별이 빛나는 밤이었지

깊은 가을
짧은 해처럼
37년의 짧은 삶처럼

8년의 짧은 작업처럼
불꽃보다 더 진하게 태우다 간
순간에서 순간으로 이어진 짧은 역정이었지만

'론강의 별이 빛나는 밤하늘'을
'까마귀 날아오르는 어두운 밀밭 길'을
'꽃피는 아몬드나무'를

노란색 별빛으로
보라색 밤하늘로
흰색의 엷은 꽃으로

암울하고 힘들어도
생명과 희망과 빛을
붙잡고 싶었지

고갱과 함께여서
넘치는 열정이 불꽃이 되어

비 내린 뒤의 석양이
땅을 보라색으로 바꾸고
포도잎을 와인처럼
붉게 물들인
'아를의 붉은 포도밭'을
세상에 내놓았지만

미친 어지러운 세상이어서
불꽃처럼 타버린 삶이어서
엉킨 삶의 매듭 풀지 못하고
떠날 수밖에 없었지만

더 이상 그릴 수 없다는
불안이 엄습하여
마음을 흔드는
소용돌이가 몰아쳐
영혼의 안식처였던
'아를'에서의 봄과 여름을 그리워하며

조카에게 마지막 선물 남기고

'별이 빛나는 밤' 그 하늘 바라보며
운명의 길 재촉했지만
그 운명은 마지막까지 가혹했지

그렇게
고독한 영혼이었지만
고독에 패배치 않고
불같은 열정으로 남긴 그 흔적들은
우리들 심령을 두드리는
영원한 빛의 소용돌이가 되어 버렸지

사랑이란

사랑이란 6월에 갓 피어난 꽃망울이지
뜨거운 열정과 순수함이 맺혀있기 때문이지

사랑이란 바람 타고 오는 바다의 향기이지
언제 불어올지 몰라도 늘 기다려지는 향수이기 때문이지

사랑이란 파도가 부서지는 소리이지
늘 귓가에 메아리쳐 돌아오기 때문이지

사랑이란 바위 속 뿌리내린 쓴 뿌리지
잊으려 해도 늘 뇌리에 남아있기 때문이지

사랑이란 나무 사이로 반짝이는 물보라지
보일 듯 말 듯 해도 눈 부신 함성이기 때문이지

사랑이란 푸른 잔디밭 위에 떠다니는 흰 돛단배지
바라만 보아도 위안이 되기 때문이지

사랑이란 비바람 맞으며 서 있는 저 돌덩이지
시련과 아픔 속에서 더 단단해지기 때문이지

사랑이란 갈대밭 저편에 과거가 묶여있는 것이지
멀리서 그리움과 추억을 불러일으켜 주기 때문이지

사랑이란 그런 것이니
사랑의 이유를 굳이 물으려 하지 말고
사랑의 과실을 굳이 탐하려 하지 마라

사랑이 흔들린다고 서러워하지 마라
어디 흔들리지 않고 피는 꽃이 있으랴

사랑하는 내 삶은 언제나 그리워지리니

흘러가는 세월 속에 묻히고
추억 속에 잠들고 어둠 속에 갇힐지라도

그렇게 내 사랑 멀리 달아내려 해도
사랑의 추억과 사랑의 꿈은 늘 곁에 자리하리라

사랑은

소곤소곤 속삭여 궁금하지
은은한 음색이어서 가슴을 울리지
달콤하지만 구슬퍼서 가슴속 그리움이 되지

부드러운 이불이어서 기대고 싶지
조용한 숲속이어서 그 안에 안기고 싶지
파란 하늘 흰 구름이어서 자유롭게 떠다니고 싶지

방해꾼이 엿들을까 마음이 쓰이지
아픔이 있어 상처가 되고 오래 남지
불꽃이어서 사그라지면 어쩔까 걱정이 되지

너와 나의 경계를 넘는 것이어서 언제나 하나가 되지
절망의 담을 뛰어넘는 것이어서 언제나 희망이 되지
세상의 벽을 뛰어넘는 것이어서 무엇이든 하게 해주지

주고 싶은 것이어서 마음이 편안해지지
순수이고 순정이어서 마음이 상쾌해지지

타는 목마름이어서 열정과 담대함을 주지

곁에 있어 두려움을 잊게 하지
마음을 여는 것이어서 안식처가 되어주지
함께 가는 것이어서 서로에게 길이 되어주지

그러니

사랑이 있는 한 절망은 없지요
사랑이 있는 한 꿈을 이룰 수 있지요
사랑이 있는 한 다시 시작할 수 있지요

스치듯 지나가는

스치듯 지나가는 바람
스치듯 지나가는 연기
스치듯 지나가는 낙엽
스치듯 지나가는 세월

나그네이고 방랑자여라

풍랑에 흔들리는 파도처럼
창공에 흩날리는 꽃가루처럼
산기슭 몰아치는 소나기처럼
밤하늘 방황하는 눈발처럼

정처 없이 떠도는 구름이어라

석양의 옅은 안갯속으로 스쳐 지나갔던
그 많은 인연이
그 많은 번민이
그 많은 삶의 조각들이

세상의 갇힘과 아집의 옥죔에서
조금 비켜서 보니
하찮은 것이 아니었고
버릴 것이 아니었고
못한 것이 아니었음에

함께 했으면 빛나고 찬란했을 것임을
이제야 후회하며 탄식하노라

그 경외에 고개 숙이지 못하고 감격하지 못했음을
이제야 후회하며 탄식하노라

그래 스쳐 지나갔던 그 모든 것들이

세월이 저만치 달아나서야
가는 세월 붙잡을 수 없을 때여서야
가식의 껍데기에서 벗어나 바로 볼 수 있을 때여서야
무심과 무관심으로 그냥 놓쳐버렸음을 알아차린 연후에야

조금씩 보이기 시작한다
조금씩 채워지기 시작한다

고요함 속에서 성찰해보고
무지의 장막에서 진실에 다가가고 싶다

나의 실존적 존재를
무겁게 느껴보고 싶다
너와 나와의 관계를
우주적 관점에서 성찰해보고 싶다

광막한 광야를 가르는 말발굽 소리가
광막한 광야를 홀로 달리는 초인의 외치는 소리가 되어
속 빈 내 가슴
속절없이 사정없이 두드리기까지
왜 이리 긴 세월 보내야만 했을까

아버지의 뒷모습

인생 지천명이면
하늘의 이치를 깨닫고
이순의 나이가 되면
사리가 분별 되고 마음이 넓어지거늘

산전수전 온갖 궂은일 마다하지 않고
원숙의 경지에 이르도록
열심히 살다 보니
좀 늙었을 뿐인데

왠지 모르게
고개 숙이고 눈치 보라고 한다

평범하지 않은 때에 태어나
시대의 소명을 외면할 수 없어
헤어나올 수 없는 숙명으로 생각하고
그 소임을 위해 몸과 마음을 다 바쳤던

그래서 뒤돌아볼 여유 없이
앞만 보고 내달려온
우리 아버지들

힘겨운 역정이었지만
절망하지 않으려고 무기력하지 않으려고
다짐하고 다짐했던
그래서 고향 산천 떠나 세상을 주름잡던
이 땅의 아버지들

이젠 남의 눈치 살피지 않아도 되나 했는데
웬걸 자식 눈치 아내 눈치가 더욱 매서워라

쉽게 얻은 것은 하나도 없는데
행복한 날 그리며
지금까지 참고 참고
기다리고 기다려 왔는데

이제 또 이 눈치 저 눈치 보아야 하고
홀로 고독하게 헤매야 하니
지금까지 아등바등했던 것이
모두 속이 빈 강정이었던가

오늘도 잠 못 이루고 지척이든 밤
다시 올 그 새벽이 두려워지니
쫓기듯 지나온 그 세월이
서럽고 서러워라

세상이 간사해서
우리들 마음 마구 흔들어 대고
점점 잊혀지라고 하니
세상인심 두려워라

집 안에 있으면 짐만 된다고
어디든 나가라고 재촉하니
갈 곳 없는 이 운명
야속하기만 해라

하루를 때우기 위해
지하철 한 켠 모서리에 앉아
창밖 이름 모를 그곳 바라보며
점심 한 끼 걱정하는 우리 아버지

아직 비워내지 못한 가슴이 있어
한 번쯤 소리 질러보고 싶지만
어느덧 새가슴이 되어

모든 것 가슴에 삭이는 우리 아버지

시간은 배신하지 않으리라
이름은 지워지지 않으리라
믿으며
더 이상 갈 수 없는 길임에도
터벅터벅 걸어가는 우리 아버지

쓸쓸히 걸어가는 아버지의 뒷모습
세상에서 가장 슬픈 그림이다

이별 애가

창파에 부서지는 파도처럼
바람에 흩날리는 낙엽처럼
겨울날의 차가운 햇살처럼

우리의 미소가
너와의 추억이
너와의 다짐이

이유 없는 눈물이 되어
알 수 없는 서러움 되어
기약 없는 간절함 되어

석양의 노을 속에 휩쓸려가누나

아아! 우리 인생이여!
아아! 우리 행복이여!

화살처럼 사라지는 인생이여!
거품처럼 꺼져가는 인생이여!

우리의 우정
우리의 관계
그렇게 쓸쓸해지고

우리의 사랑
우리의 추억
가을밤 달빛이 되고
천리타향 방랑하는 나그네 되고

쇠약해지고
이지러지고
내려가는 것이
살아가는 자의 숙명이니

서러워할 일 아니고
실망해 할 일 아닐 터

'아모르파티'
운명으로 받아들이고 사랑하리라

저녁노을처럼
너도 가고
나도 가야 할 시간

원망하지 않고
서러워하지 않으리라

사노라니

내 인생에
몇 번쯤은
비전이 있는 도전적 삶 살고 싶었다
별빛같이 달빛같이 흔들리지 않는 삶 살고 싶었다
사랑과 진심이 있어 두렵지 않은 삶 살고 싶었다
목숨을 걸 가치가 있는 삶 살고 싶었다
아무나 할 수 없어 감격해하고 감사의 눈물을 남겨줄 분이 있는
그런 삶 살고 싶었다

우물쭈물하다가 내 이럴 줄 알았다는 그 말에
내 인생의 여명이 빠르게 다가옴을 느끼며
더 진하게 더 진실하게 더 목마르게
내 손자에게 꼭 전해주고 싶다

저물어가는 저녁 먼 산 바라보며
때론 사랑에 빠지고
때론 눈물을 삼키고

때론 그리움 시렸지만
그 모든 것 그저 아름답게만 보이고
이제야 바라볼 수 있고
이제야 다가설 수 있을 것 같아
작은 것에도 울림과 감동이 배가된다

하루에 깨어있는 시간의 절반만이라도
욕심과 허망에서 해방된 삶 살고 싶다
질기게 허욕을 쫓던 그 어리석은 나를 바라보며
그 허업의 껍질에서 벗어나 이젠
불편함이 줄어드는 작은 행복 누리고 싶다

때가 되면 이별을 받아들이는 삶
양심의 문턱 조금은 낮춰 소소한 편안한 삶
불편함이 익숙함이 되어 번거롭지 않은 삶
이념과 정념에서 비켜서 부대끼지 않는 삶
불의함에 웅크리거나 뒤로 물러서지 않는 삶
그런 편안함과 젊음이 있는 삶 유지하고 싶다

분노로 책망하지 말며
진노로 징계하지 말며
교만함으로 가련한 자 압박하지 말며
혀로 남의 허물 들추지 말고
온유한 자로 빈들에서도 평강의 삶 누리고 싶다

노염은 잠깐이고
너그러움은 오래가리니
저녁에 우울함의 어둠 잠시 깃들지라도
아침에 새벽 밝음과 함께 잠잠해지니라

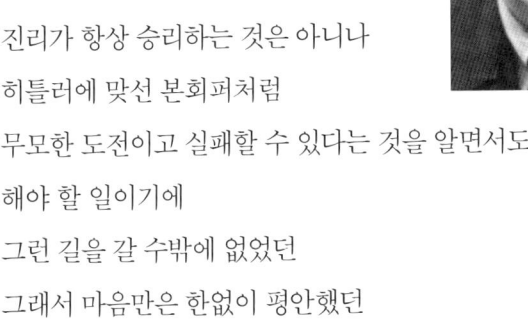

진리가 항상 승리하는 것은 아니나
히틀러에 맞선 본회퍼처럼
무모한 도전이고 실패할 수 있다는 것을 알면서도
해야 할 일이기에
그런 길을 갈 수밖에 없었던
그래서 마음만은 한없이 평안했던
그런 삶 살고 싶다

어린아이와의 약속을 지키는 것이
얼마나 위험하다는 것을 알면서도
그 아이를 실망시키지 않기 위해 위험을 감수하려 했던
그래서 일본 순사에게 붙잡힌
안창호 선생 같은
오직 양심만 두려워했던
그런 삶 살고 싶다

아직은 비전이 있는 삶 놓고 싶지 않다
나를 맑게 향기롭게 해주기 때문이다
열심과 열정이 살아있게 해주기 때문이다
그래서 젊어지게 해주기 때문이다
용기가 필요할 때 모른 척 외면하지 않을 수 있기 때문이다
힘듦과 고난을 기쁨과 감사함으로 바꿀 수 있기 때문이다

그 맑고 향기롭고 열정과 용기와 감사가 있는 삶으로
담장 너머로 뻗은 나뭇가지의 그 질긴 생명력으로
겨울바람 앞에서도 흔들리지 않아

바람의 말에 귀 기울이는 삶 살고 싶다

양심의 종이 울릴 때마다 가슴이 환해지는 기쁨을 느끼는
그런 삶 살고 싶다
남에 비친 내가 아니라 내 가슴에 비친 나를 보고
나의 참모습을 찾으려 노력하는
그런 삶 살고 싶다

봄의 씨앗처럼
땅에 뿌려져 가을에 추수하는 것 이상을 기대하지 않는
욕심으로 채우는 것이 아니라 가만두어도 채워지는 것에
경외를 느끼는
그래서 가슴이 뛰고 뜨겁게 달아오르는
그런 삶 살고 싶다

악착같게 아등바둥하지 않아 졸졸거리는 도랑물 소리 들리는 삶
세상의 영광, 세상의 환호가 덧없음을 알고 멀리하는 삶
강함보다 약함, 채움보다 비움, 자만보다 소망이 큰 삶

진실에 의지하고 그 진실을 사모함에 이끌리는 삶
그런 삶 살고 싶다

모른다고 해서 기죽지 않는 삶
안다고 해서 거만 떨지 않는 삶
자랑거리 없다고 주눅 들지 않는 삶
자랑거리 있다 하여 가벼이 들추지 않는 삶
은혜를 베풀어도 보답 바라지 않는 삶
은혜를 받았거든 마음속 빚짐에 무거워하는 삶
그런 소박하고 진실한 삶 살고 싶다

푸앙카레의 추측을 100여 년 만에 증명하고도
세상이 주겠다는 온갖 상과 환호를 거부하고
상페떼르부르크의 작은 아파트에서
어머니와 단둘이 살고 있는
페렐만은
고독한 자유, 평범함 속에서 세상의 환호의 덧없음을 아는
진정한 용기 있는 삶을 살고 있다

이념과 신념은 다르지만 다른 쪽을 배척하지 않는 삶
남의 불편을 외면하거나 소홀히 하지 않는 삶
불편한 진실을 감당할 수 있는
그래서 진실의 끈에 의해
서로 소통하고
서로 마주 보고
결국 공생하는 길, 그 아름다움을 찾는 삶
그런 삶 살고 싶다

"어젯밤 꿈속에 보는 그대의 맑은 눈동자
 아가씨 날 잊지 마오 요다음 일요일까지
 보아라 작업복의 생기있는 눈동자들
 사나이 굳은 뜻 무얼 겁내랴
 하늘을 날으리 우리의 기상
 조국의 이 강산은 우리 것이다"

한땐 호연의 기 분출했지만
이젠 소리 없는 아우성

가끔 꾸는
어둠 속 꿈속의 악몽도
밝은 빛 속에서 보면
일장춘몽이요 한 움큼의 형체 없는 허깨비임을
그래도 등허리에 가끔 흥건한 땀은 남아있다

빛 아래 땅은 혼돈이지만
빛의 질서가 빚은 창조는 여전히 경이롭다
그래서 일출의 모습은 장엄하고
일몰의 석양 모습은 신비롭다

그 빛이 있어
물은 산을 푸르게 하고
산은 물을 풍성하게 한다
그래서 청산은 유구하고
흐르는 물은 그 자리에 멈추지 않지만
그래도 바다는 넘침이 없이 늘 충만하여
우리들 소망 넘실거린다

그대로인 빛 아래 있음에
있는 그대로 만족할 수 있기를
있는 그대로 감사할 수 있기를
빛 아래 두려움은 사라지고 고독은 더 깊어지나
그 속 축복으로 꽉 차 있음에 놀라워하기를

우리의 삶 계속 비추기 위해
어김없이 다시 떠오르는 그 태양 바라보며
내일의 희망 바라보게 하소서

한국 국민에게 고함

식민 지배, 분단, 전쟁, 가난을 넘어
웅비의 기적을 이룩한 한민족

수백 번 피침의 질곡 속에서도 쓰러지지 않은 한민족
폭우 속 흑암 속에서도 손잡고 앞을 헤쳐나간 한민족
어둡고 힘들고 고난이 겹칠 때 오히려 더 우뚝 솟은 한민족
오랜 변방의 그늘에서 세계사의 중심으로 뛰어오른 한민족

우리가 누리는 이 자유와 이 풍요는
누가 그냥 준 것이 아니라
목숨 걸고 피 흘리며 지겹도록
싸워서 얻은 것임을

역사는 과거의 그림자가 아니라
미래의 방향을 가리키는
나침판임을
잊어버리고

거저 얻어진 것인 줄 알고
고생하지 않고 누가 준 선물인 줄 알고
희생하지 않고 운이 좋아 생긴 것인 줄 알고
앞으로도 누가 그냥 해 줄 것인 줄 알고

진짜 고생하고 노력하고 헌신하고 합심해서
여기까지 왔는데
기적이 아닌 피와 땀과 눈물로 이룩한 것인데

새벽잠 설치고 밤낮없이 노력하고 매진해서 성취한 것인데

잊어버리고

그 성취의 주역들을
무임승차자로 낙인찍고 공격하고 폄훼하고 깎아내리니
그 성취의 주역들을
꼰대이고 반역사적이고 반인권의 무뢰한으로 매도하니

끊임없이 공격만 하고 남 탓하고 쓰러뜨리려고만 하니
과거만 들먹이고 미래로 나아가지 못하니
우민에 영합하고 인기에 몰입하고 배척에 목숨을 거니

헌신은 없고 보상에만 눈멀고
합심은 없고 분열로 편 가르고
열심은 없고 나태와 사보타지만 가르치니

불의함을 정의로 참칭하는 자

허구의 스토리로 진실을 공격하는 자
모리배, 정상배, 편향된 혁명가만
득실거리니

어찌 신뢰, 존중, 윤리, 도덕이 자리를 잡을 수 있으리오
어찌 건강한 공동체가 발부칠 수 있으리오
어찌 누가 이 땅을 위해 몸 바치려 할 것이요

그러나

이 엄혹한 현실 그냥 두고 볼 수만은 없다
얼마 만에 이룬 성취인데

그냥 주저앉을 수는 없다
어떻게 이룬 성취인데

지금 우리들이 주저앉게 할 수 없다
누가 일으켜 세운 성취인데

이 땅의 지식인들이여!

목숨 걸고 양심에 손을 얹고 얘기하라
구차하게 진영의 변호인 노릇에서 벗어나라
무엇이 이 나라 미래의 비전이어야 하는지 고민하라
무엇이 바르고 잘못된 것인지 밝혀라

영달에 눈멀어 학자의 길을 포기하고
양심을 파는 지식을 파는
부끄러운 모습 제자들에게 보이지 말라

이 땅의 젊은이들이여!

포기치 말고 도전하라
세상은 넓고 할 일은 많으니
시류에 휩쓸리지 말고 너만의 길을 가라
세상은 호락호락하지 않으니
더 겸손함으로 더 진지함으로 준비하라

선배들이 걱정한 만큼 고뇌한 만큼
나라와 나라의 앞날을 걱정하라

이 땅의 꼰대들이여!

온갖 간난과 아픔과 시련을 딛고
이룩한 지금의 영광 자랑하고 노래하라
우리의 소망, 우리의 의지 꺾이지 않고
포기할 수 없는 그 절대적 소명에 충성 다 했기에
시대의 각박함에 실망하지 말고 당당하라

이 땅의 정치인들이여!

가르치려 하지 마라
설교하려 하지 마라
국민을 우민으로 생각하지 마라
얄팍한 공약 함부로 내뱉지 마라

오직 출세를 위해
진영에 줄 서고 계파에 충성하고 국민을 들먹거리는
그 처량한 신세 잘 안다
너희로 인해 국민이 더 이상 처량해지지 않도록
출세를 위해 어쩔 수 없으니 이해해달라고
이실직고나 해라

이 땅의 우리 국민이여!

실망하지 말자
땅이 들리며 새싹이 대지를 뚫고 나오니
이 땅 죽어있는 자의 땅이 아니라
잠시 잠들어 숨 고르고 있을 뿐
작은 씨앗으로부터 시작되는 치열한 생명의 다툼이
온 땅을 헤쳐나갈 기세다

그 기세를 살려
새역사를 만들어 갈 자는

오직 우리 국민뿐이니
누구를 탓하고 누구에게 책임을 돌리리오
우리 국민이 일어날 차례다

정의를 지키고 나라를 지킬 이는
오직 우리 국민뿐이니
깨어있는 국민뿐이니

원칙이 허물어지고
진실이 가려지고
혐오와 편향에 갇혀
나라가 두 쪽으로 갈리는
이 기막힌 현실

모두가 우리 탓임을 회개하고
위선적 행동에 분노하고
악인의 꾀에 동역하지 말고
진영의 덫에 갇혀 있지 말고

분열의 씨앗 불태우고
방관의 나태함 떨쳐버리고

직시하자
냉철하자
행동하자

역사는 당위가 아니라 현실임을
역사는 감정이 아니라 사실임을

감정에 휩싸여 현실을 부인하거나
당위에 갇혀 시대의 성취를 폄하하지 말자

역사와 국민 그리고 미래에 대해 책임져야 한다
역사는 오늘 우리가 내린 결단과 선택을 기억할 것이다

이젠 겨를이 없다
서둘러 앞으로 나아가자

두 눈 부릅뜨고
공의와 공정과 상식과 근본을 지켜내자

잘잘못을 가려 신상필벌하고
서로의 장점 살리고 격려하고
부족한 것 내가 보완하고
부정보다는 긍정의 눈으로
다툼과 비판보다는
합력하고 합심하여
새 영광 바라볼 수 있도록
새 빛 기대할 수 있도록

바꾸고 인내하고 고쳐나가자

얼치기 정치인들에 맡겨두지 말고
이 땅의 주인인 국민이 나설 때이다

수백 번 전쟁의 참화를 딛고

세계로 뻗던 몽골, 청, 거란, 일본의 거친 발자국을 지워내고
스스로 무너진 그들의 구둣발을 대신하여
라인강의 기적을 뛰어넘은 한강의 기적을 이룩하고
문화의 힘으로 세계를 향해 진군하니

동방의 반쪽 끝 벼랑 끝에 걸려있는
작은 한반도
호랑이가 잔뜩 웅크렸다가 힘쓰기 직전의 형세니
북쪽으로 대륙을 이고
동쪽으로 대양을 품은 것이
언제 폭발할지 가늠할 수 없다

인고의 아픈 역사를 딛고
이제야 푸르게 푸르게 피어오르기 시작한
이 땅의 기세
지금 주저앉게 할 수 없다

한민족 서사

1.
중앙아시아
파미르고원의 고산준령을 넘어
동으로 동으로
우랄 알타이와 몽골평원을 지나
동쪽 끝 대양에 이르니
동으로 남으로 서로
큰 해자가 둘러싸고
북으로는 백두산맥 압록강 두만강이
또 토문강이
빙 둘러 병풍 치니
이보다 더한
천연의 요새는 없더라

그러니 서로가 이 땅 차지하려고
안달하고 혈안이니
대륙 세력이건 해양 세력이건
그 기세를 모으면

어김없이 이 땅 반도와 북쪽 평원을 먹겠다고 덤벼드니
크고 작은 피침이
수백 번이 넘더라

2.
수많은 병화에 휩쓸려온
운명적 대결과 마주한 이 땅
한때는 의주까지 또 탐라까지
몽진하고 떠밀리기도 했지만
끝까지 포기하지 않고
다시 추스르고 힘을 모으고
간절함으로 하나 되어
폭풍우 진군하니
백척간두에서도 나라를 지키고
풍전등화 속에서도 민족의 얼을 보전한
영광의 역사 찬란하여라

안시성, 요동, 귀주, 살수, 강화도에서

평양성, 위례, 한양에서
우금치, 충주, 길주, 명량, 노량에서
인천 앞바다와 낙동강 방어선에서
민족의 명운을 걸고 민족적 쟁투를 벌였으니

신묘한 책략으로
뛰어난 리더쉽으로
적장을 압도하는 담력으로
상대의 명분을 뺏는 탁월한 외교력으로
사즉생 생즉사의 충의와 헌신으로
꺾이지 않는 불굴의 투지와 인내로
저항하고 돌격했으니
버거웠지만 끝내 쓰러지지 않고
역경과 난관을 헤쳐왔노라

하늘이 감읍하고
민초들이 합세하고
시대가 호응하니

수많은 이민족들의 명멸 속에서
우리 한민족만은 그 정체성을 잃지 않고
오천 년의 역사를 만들고 지켜왔다
백 년 전 예언된 대로 이제
동방의 등불이 되어 세계로 뻗고 있다

3.
그래도 어찌 잊힐리아
삼전도의 굴욕을
우리의 딸, 누나가 노리개로 끌려가는 그 참담함을
정궁이 침탈당하고 국모가 시해되는 그 치욕을
요동 벌판 우리 땅을 스스로 포기한 위화도회군을
이역 땅 헤이그에서 분사하게 한 그 억울함을
우리 땅 간도가 강탈됨을 보고도 어찌하지 못했음을
아직도 한반도의 반쪽이 무도한 세력의 침탈상태에 있음을

굴욕의 역사
그 아픈 거울에 비친

우리들 모습 잊지 말자

굴욕은
유비무환에 귀 기울이지 않고
세상 형세 살피지 못하고
개혁개방에 뒤처지고
실용 없는 명분에 집착하고
소아에 눈멀어 다투고 싸우고 편가림하고
위협에 맞설 용기와 기개를 키우지 못하고
솔선 없이 내로남불의 남 탓으로만 돌리면
어김없이 찾아오는 법

10만 양병의 외침을 외면해버리고
국토유린의 외침 앞에서도 당쟁에 몰두하고
대명 사대주의에 빠져 외교력 자기 방어력을 낭비하고
참혹한 임란을 겪고도 방비하지 못해
30년이 지나지 않아 호란을 겪고
그 호란을 겪고 10년 동안 허송세월하여

또 호란을 겪고
끝내 경술국치의 국권이 침탈당하는
토해내고 싶지 않은
굴곡진 아픈 역사가 있다

지금의 이 빛나는 형세가
언제든 어둠의 형세로 다시 바뀔 수 있으니
지난 역사를 거울삼아
선조들이 지키고 바로잡고 물려준
빛나는 유산을
엄중히 지켜나가야 할
역사적 소명이 우리 앞에 놓여 있다

4.
홍익인간의 그 위대한 가치 이제 꽃피어라
애민의 그 민주 정신 더욱 번성하라
동방예의지국의 모범 더욱 빛내어라
평화수호의 중추가 되어라

민족의 뿌리인 북방을 잊지 마라
공리공담에 갇히지 마라

환인이 아들 환웅에게
태백산맥 아래 인간 세상을 다스림에
널리 인간을 이롭게 하라 하였으니

근대 인본주의의 원류요
현대 보편적 복지주의의 선구요
공존과 평화, 민주주의의 기초가 되니
민족공동체의 것에 가두지 말고
멀리 세계의 가치가 되는 데 앞장설 것임에
이는 소망이고 자랑이라

백성은 나라의 근본이니
그 근본이 견고하면
나라가 안녕할 것임을
하늘이 백성을 낳고

왕을 세워

통치를 대행하거늘

어찌

백성을 사랑하지 않는 정치

백성이 바라지 않는 정치

백성이 행복하지 않은 정치를 할 것이요

그 백성을 끔찍이 사랑하사

애민을 통치의 기본으로 삼아

세상에서 가장 배우고 쓰기 쉬운 나라 글 만들고

신문고, 만인소, 천인소를 통해

백성의 마음 헤아리는 데 소홀함이 없더라

예의염치는 공동체의 기본이라

마땅히 지켜야 할 도리가 있고

마땅히 행해야 할 옳음이 있고

마땅히 넘지 않아야 할 선이 있고

마땅히 부끄러워해야 할 분별함이 있나니

동방의 예의지국이 되고
선린우호의 수호자가 되고
선진문화공유의 첨병이 되는데
주저함이 없더라

5.
세종대왕이 있고 이순신이 있고
광개토대왕이 있고 문무대왕이 있고
을지문덕이 있고 강감찬이 있고
율곡이 있고 퇴계가 있고
정약용이 있고 서희가 있고
안중근이 있고 윤봉길이 있고
이승만이 있고 김구가 있고
박정희가 있고
이병철이 있고 정주영이 있는 나라

멀리 서역과 인도
청해진과 당과 일본을

종횡무진 안방처럼 넘나들며
민족의 지평이 세계의 지평이 되게 했던
고선지, 혜초, 장보고가 있는 나라

세계최강의 몽골군에 맞서
무려 39년을 저항하고 버틴 나라
수나라 백만대군의 기세를
책략과 담력으로 분쇄한 나라
풍전등화 속 적군을 맞아
상유십이척의 여유와 지략을 뽐낸 나라
임진 정유 양란의 참혹함을 가져온
원수를 원수로 되갚지 않고
문화 전수의 포용과 의연함으로 되갚은 나라

그런 나라를 있게 한
그런 품격과 지조를 갖게 한
그런 은근과 끈기를 키워 온
그런 정과 포용과 배려를 실천해온

우리 한민족이다

보라
이 대지를 보라
아픔과 기쁨과 힘듦과 소망이 묻어 있는 이 땅
한 맺힌 사람들의 다짐이 담겨있고
잔치가 있고 노래가 있고
보랏빛 향수가 겹겹이 쌓여 물들어가는 이 땅

우리의 조상이 잠들어 있고
우리가 잠들게 될 곳
누군가 설 땅이 되기 위해
쉼 없이 희망을 심어가야 하는 이 땅

넓히고 넓혀
다지고 다져
한민족 웅비의 기세
대륙으로 해양으로 세계로
드높여 나가자

고향의 절벽과 언덕으로 돌아가리라

초판 발행   2025년 9월 10일

지은이   안희원
발행처   문학秀출판
발행인   이영자, 이택화
책임편집   노용제
편집디자인   서용석
제작   정은
등록   제2021-000050호(2021. 4. 15)
주소   04558 서울시 중구 창경궁로 1길 29, 303호
전화   02-2272-3504, 8807
팩스   02-2277-1350
전자우편   munhak2020@daum.net
ISBN   979-11-978432-7-3   책값은 뒤표지에 있습니다.

＊잘못된 책은 구입한 곳에서 바꾸어 드립니다.
＊저자와 출판사의 서면 동의 없는 무단 전재 및 복제를 금합니다.